其命維新

徐悲鸿谈画论艺

名家巨匠谈书画

徐悲鸿 / 著

中国文史出版社
CHINA CULTURAL AND HISTORICAL PRESS

图书在版编目（CIP）数据

其命维新 : 徐悲鸿谈画论艺 / 徐悲鸿著 . -- 北京 :
中国文史出版社 , 2023.1

（名家巨匠谈书画）

ISBN 978-7-5205-3681-3

Ⅰ . ①其⋯ Ⅱ . ①徐⋯ Ⅲ . ①书画艺术—艺术评论—
中国—文集 Ⅳ . ① G649.29

中国版本图书馆 CIP 数据核字（2022）第 168159 号

责任编辑：高贝

出版发行：中国文史出版社

社　　址：北京市海淀区西八里庄路 69 号院　邮编：100142

电　　话：010-81136606　81136602　81136603（发行部）

传　　真：010-81136655

印　　装：廊坊市海涛印刷有限公司

经　　销：全国新华书店

开　　本：787mm×1092mm　1/16

印　　张：15.25

字　　数：183 千字

版　　次：2024 年 4 月北京第 1 版

印　　次：2024 年 4 月第 1 次印刷

定　　价：58.00 元

徐悲鸿（1895—1953）

《白马图》

《春之歌》

《泰戈尔》

《战马》

《松鹤延年》

《红叶双喜图》

目
录

第一辑　国画散论

第二辑　域外画谈

第三辑　艺术探微

第四辑　序跋品题

附录

第一辑

国画散论

论中国画

　　吾于《中国画展序》中，述中国绘事演进略史，举唐代文人画派为中国美术之中兴。吾今更言此派之流弊及其断送中国美术之史。

　　夫一派之成功，均因所含之各因素成熟之混合。成熟之为用，亦不能保持，久则腐败，理之固然。吾中国唐代中兴绘画者，为阎立本、吴道子、李思训、王维、郑虔等人。而王维、郑虔，尤诗人之杰出者。观察之精，超轶群流；所写山水，极饶雅韵，遂大为士大夫所重（前于绘事，只推为工匠之能）。故后世特张此派，号为"文人画"。顾在当时，皆诗人而兼具工匠之长者也。画家固不必工诗，但以诗人之资，研精绘画，必感觉敏锐，韵趣隽永，而不陷于庸俗，可断言也。故宋人之善画者，亦皆一时俊彦，如范宽、李成、米芾等所作山水，高妙无伦。而米芾首创点派，写雨中景物，可谓世界第一位印象主义者，而米芾十二世纪人也（北京故宫博物院有一幅）！

　　中国最古之画，如《汉书》所载光武图功臣于麒麟阁，又毛延寿之谖写明妃古事，必如今日之壁画及水粉画。中国相传造纸始于蔡伦，二世纪人也。初造之纸必不能作画。

　　三、四、五世纪，佛教盛行中国。画家辈出，如曹弗兴、卫协、顾恺之、陆探微、张僧繇等人作品，俱属崇饰庙寺壁间之佛教画，皆壁画也。苟欲精于绘画，必须长时间之研究。中国传统习惯，首重士夫，学治国平天下之道。故上流社会，苟非子弟立志学画，决不令辍诗书。在昔时，教育无方，凡习画恒不读，惟谢赫、宗炳，乃画家而擅著述，殆文人画家之祖，然未能于绘画上有所更革也。此类画家，有如凡·爱克兄弟、孟林、费腾、曼特尼亚、贝里尼、卡巴乔之流，俱头等 Techniciens（精于技巧者），皆精极章法、色彩、素描等等者也。

至诗人王维，创水墨山水，破除常格。于是张璪一笔写两棵古树，大胆挥写。刘明府之山水幛，据大诗人杜甫所赞"元气淋漓幛犹湿，真宰上诉天应泣"者，必于历来绘画之方术大异。故唐画既大成于已有之方术，又创新格，且多第一流人物从事于此，所以有中兴之业也！

宋画之盛，实因帝王为之鼓奖。首设画院，罗致天下之善画者，且以之试士。向惟工匠所治之业，今则士大夫皆传习之。其有专精一类者，皆卓然成大家，而所作几为绝业。如徐熙、黄荃、黄居寀、易元吉等之花鸟，真美术上之大奇也，皆理想化之现实主义者也。宋之与唐，譬如接树，虽极递演亘多时，仍得佳果。以后遂如取果种子埋之于地，令其自长，则元后之衰也！

写实主义太张，久必觉其乏味。元人除赵孟頫、钱舜举两人外，著名画家，多写山水，主张气韵，不尚形似，入乎理想主义。但其大病，在撷取古人格式，略变面目，以成简幅，以自别于色彩浓艳之工匠画，开后人方便法门。故自元以后，中国绘画显分两途：一为士大夫之水墨山水，吾号之为业余画家（彼辈自命为"文人画"）；一为工匠所写重色人物、花鸟。而两类皆事抄袭，画事于以中衰。

自宋避金寇南迁都于杭州，太湖流域遂成中国七百年来美术中心。元之大画家多出于江浙，明代亦然，若戴进、文征明、沈周、周臣、唐寅、仇英、陆包山、吕纪。仅有两人例外，则林良开派于粤东（以后此派永有花鸟作家，至今日如陈树人），吴小仙起于湖北而已。而董其昌者，上海附近华亭人，以其大学士身份收藏丰富，为一极佳之临摹者，因其名望之隆，其影响及于一代。故"四王"演派之盛，得能稳定抄袭之工，人即视为画艺之工；其风被三百年，至今且然，实董其昌开之。李笠翁以此投机心理为《芥子园画谱》，因而二百年以来科举出身之文人称士大夫者，俱利用之号为风雅，实断送中国绘画者也！

中国近世美术以何时为始，实至难言，若以一人之作风而论，则大胆纵横特破常格者，为十六世纪山阴徐渭文长。彼为著名文豪诗人，其画流传不多，故被其风者颇寥寥。惟明亡之际，有两王室后裔为僧，曰八大，曰石涛，二人皆才气洋溢，不可一世。其作风独往独来，不守恒蹊，继徐文长而起，后人号之曰写意，实方术中最抽象者也！故吾欲举徐文长为近世画之祖。

八大、石涛，董其昌稍后辈而已，因隐遁之故，其作品不煊赫于世，但四王中之王廉州，既称"大江以南无过石师右者"，实则大江以北更无人也（王觉斯只可谓书家）！顾八大、石涛同时尚有一天才卓绝之陈老莲。

宋虽画学极昌盛，名家辈出，但无显著之 Styliste（独创一派者）。且作家亦多工一类，无兼精各类者。陈老莲人物、花鸟、山水无所不工，而皆具其独有之体式，实近代画家唯一大师也（金冬心、黄瘿瓢亦佳）。

近代画之巨匠，固当推任伯年为第一，但通俗之画家必当推苏州之吴友如。彼专工构图摹写时事而又好插图，以历史故实小说等为题材，平生所写不下五六千幅，恐为世界最丰富之书籍装帧者。但因其非科举中人，复无著述，不为士大夫所重，竟无名于美术史，不若欧洲之古斯塔夫·多雷或阿道尔夫·门采尔之脍炙人口也！

中国画改良论

中国画学之颓败，至今日已极矣！凡世界文明理无退化，独中国之画在今日，比二十年前退五十步，三百年前退五百步，五百年前退四百步，七百年前千步，千年前八百步，民族之不振可慨也夫！夫何故而使画学如此其颓坏耶？曰唯守旧。曰唯失其学术独立之地位。画固艺也，而及于学。今吾东方画，无论其在二十世纪内，应有若何成绩，要之以视千年前先民不逮者，实为深耻大辱。然则吾之草此论，岂得已哉！

一、主旨与例

凡美之所以感动人心者，决不能离乎人之意想。意深者动深人，意浅者动浅人，以此为注脚，庶下之论断，为有根据。例如，中国画山水，西人视之不美。西方金发碧眼之美人，中国老学究视之不美。刘洪升之歌，谭迷深者不之美。王蒙、倪迂等之画，文人视之美，北碑怪拙，吾人能得其美。上海月份牌，浅人视之美。欧洲之名画，中国顽固人意中以为照相，则不之奇。西方画有绝模糊者，吾人能解其美。凡寓意深远，艺复卓绝者，高等人类视之均美。吾今特以下列各例，充吾论之主脑。古法之佳者，守之；垂绝者，继之；不佳者，改之；未足者，增之；西方画之可采入者，融之。

二、学之独立

夫画者，以笔、色、布、纸，几微之物，而穷天地之象者也。造化之奥赜、繁丽、壮大、纤微有迹象者，于画弥不收，故须以慧根人竭毕生之力研究之。

中国画在美术上，有价值乎？曰有！有故足存在。与西方画同其价值乎？曰以物质之故略逊，然其趣异不必较。凡趣何存？存在历史。西方画乃西方之文明物，中国画乃东方之文明物。所可较者，唯艺与术。然艺术复须借他种物质凭寄。西方之物质可尽术尽艺，中国之物质不能尽术尽艺，以此之故略逊。

顾吾以此难施人力之物质，而欲穷造化之奥赜繁奇。人三年而艺成，我则须五年焉。人作一画五日可成，我则需八日，或十日焉。而所形容万物之情，无少异。则中国画尚为文人之末技，智者不深求焉，其有足存之道哉！

三、改良之方法（学习·物质·破除派别）

画之目的，曰"惟妙惟肖"。妙属于美，肖属于艺。故作物必须凭实写，乃能惟肖。待心手相应之时，或无须凭实写，而下笔未尝违背真实景象，易以浑和生动逸雅之神致，而构成造化，偶然一现之新景象，乃至惟妙。然肖或不妙，未有妙而不肖者也（前曾作《美与艺》，可参阅之）。妙之不肖者，乃至肖者也。故妙之肖为尤难。故学画者，宜屏弃抄袭古人之恶习（非谓尽弃其法），——按现世已发明之术，则以规模真景物，形有不尽，色有不尽，态有不尽，趣有不尽，均深究之。

中国画通常之凭借物，曰生熟纸，曰生熟绢。而八百年来习惯，尤重生纸。顾生纸最难尽色，此为画术进步之大障碍。而熟纸绢则人以为易为力，复不之奇。又且以为绢寿只八百，纸只二百年，重为画惜。噫！异矣。夫人习画，于生纸绢也成需六七年，且恐未必臻乎美善。熟者五年，色与形已俱尽。徒矜凭物之难，不计成绩之工拙，则戴臼而舞耳。焉用之！且斤斤于纸绢寿之长短尤愚可哂。不知物之不良，已无保存之价值。八百年后存在问题，又胡须早筹？此与鸦片烟鬼，偃起之求长生者同一陋见也！（按中国绢纸，至今日均坏极。纸则茧制者已无，绢亦粗脆光滑不可用。倭制甚精，故其画日进弥已也。）

笔与色尚足用。今笔不乏佳制，色则日渐粗矣！鄙意以为欲尽物形，设色宜力求活泼。中国画中凡用矿色处，其明暗常需以第二次分之，故觉平板无味。今后作画，暗处宜较明处为多。似可先写暗处，后以矿色敷明处较尽形也。

人类于思想，虽无所不至，然亦各有其性之所近。故爱写山水者，作物多山水；爱人物花鸟者，即多人物花鸟；性高古者，则慕雄关峻岭长河大海；性淡逸者，则写幽岩曲径平树远山；性怪僻者，则好作鬼神奇鸟异兽丑石癫丐。既习写则必有独到。故吾性之何近者，辄近于何作之古人，多观摹其作物以资考助。固为进化不易之步骤，若妄自暴弃，甘屈陈人之下，名曰某派，则可耻孰甚！且物质未臻乎极善之时，其制作终未得谓底于大成，可永守之而不变。

初制作之见难于物质者，物质进步制作亦进步焉！思想亦然：巧思之人，必不能为简单之思想所系动，矧古人简约，必有囿于见闻者。今世文明大昌，反掩明塞聪而退从古人之后何哉？撷古人之长可也！一守古人之旧，且拘门户派别焉不可也！今以各类尽应良之点述之如次。

四、风景画之改良

（云·树·平地·房屋；余论山·石·雪·影）

天之美至诙奇者也，当夏秋之际，奇峰陡起乎云中，此刹那间，奇美之景象，中国画不能尽其状，此为最逊欧画处。云贵缥缈，而中国画反加以勾勒。去古不远，此真无谓，应改作烘染。

中国画中，除松柳梧桐等数种树外，均不能确定指为何树，即有数家按树所立之法，如某点某点等，终不若直接取之于真树也，尤宜改节，因中国画中所作之树节，均凹癞者，无瘿凸者，树状全失，允期必改。其余如皮如枝，均当一以真者作法。

中国画之地最不厚，纸绢脆弱不堪载色也。古今写地最佳者，莫若沈南苹。南苹工写土石，小杂野花，且喜点苔，故觉醇厚有气味。盖彼固得力乎写生者也。

宋人界画，本极工，但只有两面，若作斜面，则远近高低如一，去理太远。近人吴元和改正之。今已无守古法者，虽为可喜，实则今已无工界画者矣。

吾国古今专讲究山水，故于山石各家皆有独到处。但各家胸中丘壑逸气均太少耳。如李思训写北京之山，必层峦叠嶂，直造纸末。王蒙亦如此。倪云林则淡淡数笔，远山近树而已。为丘壑者必叠床架屋，满纸丘壑，不分远近，气势蜿蜒，直到其顶，胸中直具丘壑。为逸气者，日向水渚江边立，两眸直随帆影没，而无雄古之峰，郁拔之树。夫峰也树也，岂有碍逸气哉！直遁词耳。（倘登泰山观沧海，而从侧面作一图，舍山乎抑舍海乎？两不可舍为技不已穷乎！）

吾国写山水者，恒喜写雪，不知雪中可游而乐，最不宜写而观者也，若必欲逞逸兴，亦须点染得法，从物之平面上积雪，毋从不积雪处漫积之斯得矣。远山尤宜注意。

中国画不写影，其趣遂与欧画大异。然终不可不加意，使室隅与庭前窗下无别也。（参阅结论）

五、人物画之改良

尝谓画不必拘派，人物尤不必拘派。吴道子迷信，其想象所作之印度人，均太矮，身段尤无法度，于是画圣休矣！陈老莲以人物著者也，其作美人也，均广额，或者彼视之美耳，吾人则不能苟同。其作老人则侏儒，非中国之侏儒也，乃日本之侏儒。其人所服则不论春夏秋冬，皆衣以生丝制成之衣，双目小而紧锁，面孔一边一样，鼻旁只加一笔。但彼固非立法者也。后人愿抛弃良智而死学之，与彼何与哉！

夫写人不准以法度，指少一节，臂腿如直角，身不能转使，头不能仰面侧视，手不能向画面而伸。无论童子，一笑就老，无论少艾，攒眉即丑，半面可见眼角尖，跳舞强藏美人足。此尚不改正，不求进，尚成何学。既改正又求进，复何必云皈依何家何派耶！

附录：

　　近人常以鄙画拟郎世宁，实则鄙人手艺，向不主张门户派别，仅以曾习过欧画移来中国，材料上较人略逼真而已。初非敢自弃绝，遂以浅人为师。且天下亦决无可以古陈人之撰造而拘束自己性能者。矧郎世宁尚属未臻完美时代之美，艺人谓可皈依乎哉！日后鸿且力求益以自建树，若仅以彼为指归，则区区虽愚自况，亦不只是幸！同志诸君察焉，悲鸿仅启。

国画与临摹

——在新加坡"徐悲鸿教授作品展览会"上的讲话

大家都说我是写实主义者，不错，至少我承认，我于艺术，决不标新立异以自欺欺人。从事绘画的人，应该从造化和人的活动上仔细观摩，这当然包括一切宇宙间事物神态的变化。多画，不要放松，然后会有真正的艺术发现。

你们别以为自己有天才而不屑多画，这是自己害了自己。我宁愿人家骂我地才蠢才，我只管埋头苦干。十几分钟一片素描并不是难事。记住，只要多看，多画。

所谓国画，并不是叫你去摹古，我主张保留旧形式，必须参入新精神；用新形式表现，也须显出旧精神。国画的六法等等，当然要保存，可是应用新的精神去发扬光大。我最恨临摹八股式的山水，可是一班学国画的人，老是死劲地抓住八股式山水，没头没脑地临摹，把造化之美，宇宙万物，一股脑儿丢在九霄云外。能来几笔临四王山水，仿元人笔意，以为是国画大家。肯定一点来说，画面上的美感和灵感，当然要由作者深刻地观察，落之于笔才会产生。一幅作品，至少能反映一些时代的精神，要是光像写八股文般摹古，充其量亦不过在牛角尖里兜圈儿，就是有些相仿，也不过是棺木里抬出来的僵尸，一具没有精神的躯壳。古人的作品，自有当时精神寄托在上面，那么，你临几幅蜡梅，东篱策杖的古意，旧形式的精髓既不可得，新精神更无从说起。其实，学艺术绝不是取巧抄袭所能成功，国画所以一代不如一代，完全坏在那班盲目制造假古董家手里，诚然是万分痛心的事。

画国画，当然也有所谓天才，那无非是观察和灵感，有独到处罢了。"芥子园"之类画谱的出世，不知埋没了多少天才。因为一般人心理，大都喜欢取巧，只要有现成画谱，不必自己挖空心机来构思，花时间去找画材；所以想到画山水花鸟、人物屋舍，画谱上有的是，一举手之劳，都可解决，人人如此，中国画真要走上末路。真正要学国画的人，赶快去学习古人六法的深义，然后找现实题材努力写作，否则舍本求末，结果毫无所得。

抗战以来一年多中，我忧国忧家，心绪纷乱，很少有大作品，凭着几枝画笔为国家也没有尽多大责任。

漫 谈 山 水 画

　　我们在今日与帝国主义作艰苦斗争之际，绘画与一切艺术，均须正对现实，整饬工具，反而来谈山水画，可谓不切实际；而且我又在百忙，动机是友人蔡先生偶然与我说起有人向他提出山水画问题，需要作一答复。我因此事与我国文化遗产攸关，研究颇久，手头材料，亦还不少；便自告奋勇，检讨一番，代其答复。

　　山水之为画，当然不可能有积极性，它是资产阶级的心力收获之一种，所以它也成为遗产。我国山水画上之造诣，有人认为是人类创作中之一奇迹；我们就山水论山水，确实有它的独到处，是可以值得骄傲的。

　　山水于画中为最后起之成物，因须综合人物、鸟兽、建筑、营造、树木、山水，一切构成在一幅中，非样样东西达到完成，不能有山水画；而画家又必须样样精通，才能创制山水画。所以真正有中国性格之山水画，成于八世纪之水墨山水创作者王维。比较完成西洋风景画之荷兰雷恩代（Roisdael）、霍贝玛（Hohbema）、法之洛兰（Claude Lorrent）、意大利之干奈来笃（Conaletto）（十七世纪）几乎早几千年。十五世纪末意大利文艺复兴时代贝里尼（Bellini）及达·芬奇（Leonardo da Vinci）画中，好以风景山水作远景，但未发展成立山水画，而中国大小米好为韵味深远之雨景，始用点，尤早过法国印象派 Impressionisme 千年（彼用色调此用墨彩，求取韵律，原理则同）。而山水画中巨人，如荆浩、董源、范宽、李成、郭熙、郭忠恕、米元章、李唐、马远、夏圭，皆有杰作可稽，造诣真确（宗炳、大小李将军、王维、王宰、张璪、关仝、巨然辈，其画全失，或无杰作，存而不论）。如范宽之《溪山行旅》（故宫博物院），宋人《溪山暮云》（传李成笔，故宫博物院藏），郭忠恕《岳阳楼》（方雨楼藏），夏圭之《西湖柳艇》（故宫博物院），《北溟图》（明周东村画藏日本），《风雨归舟》（金冬心），真可说是百世以俟圣人而不惑，尤古常新的东西！因为范宽居太华，习见雄峻之山，董源居江南，则不为叠嶂，写出真情真景，所以至今日，仍于吾人亲切之感，便是倪云林、黄公望、吴仲圭辈文人画（人以为对于外族统治消极的抵抗），亦不脱离写实；仅王蒙好为长幅层峦，移远景直立，作近在咫尺之像（《青卞隐居图》等），显得矫揉造作。但其树法，实古今第一，无人能及，如倪、黄所作，皆二三五年长成嫩枝，不得谓之树木，不及王蒙树法远甚。但元孙君泽，明之周文清、沈石田、仇十洲、袁江辈，皆能外师造化，中得心源，其作品多远离当时统治阶级俗气，得隐逸之趣；此文人竭尽心力之成功，不同于董其昌辈，达官显宦，想不劳而获的投机分子的末流文人画。所谓人物鸟兽营造花木山水样样精通，方画山水者，此辈人物鸟兽花木营造件件不会，方画山水！到了四王，专意贩卖古人面目，毫无独创精神。（古人所谓仿某家，模某人者，因画中作风偶然与古某人相近，恐后人讥其抄袭，索性自己写明仿模某人，有谦虚之意，到了后来，非仿模古人，不得云作品，真是奇谈。）到了李笠翁，便纠合画家，编了一部三个月速成的《芥子园画谱》，让当时那些念书人学几笔画，附庸风雅，于是扼杀了中国全部绘画，不仅山水一门，亘三百年，因为有了《芥子园画谱》，画树不去察真树，画山不师法真山，唯去照画谱模仿，这是什么龙爪点，那是什么披麻皴，驯至连一石一木，都不能画，低能至于如此！可深慨叹。而欧洲自十九世纪英国康斯太布尔（Constable）、透纳（Turner）两大风景画家出，将中国山水画家所夸耀的（神韵境界）完全做到；一直发展到印象主义的莫奈，将天涯海角，悉成画材，平地草堆，包含光气，着手成春，皆能动人；即便不能创派的画家，如德国之安亨拔赫（Ahenhach），法之陀皮尼（Dauhigni），俄之列维坦（Levitan），瑞典之滔鲁（Taulow）也都能依据自然，写出佳妙作品，超出古人，不像我国，每况愈下。仅有清初石豀、石涛，自抒性灵，略有古人作厕遗意而已；至精深博大，高古雄强，都不逮宋人远甚。石涛因游踪较广，颇能会心造物变化，不为成法格局所拘，但写人物、树木，俱功力未逮，近人虽好言石涛，究不能举出石涛精品为何幅也。

技法之检讨金碧山水

在画幅上所存中国最古之山水，应推有名之展子虔幅（张伯驹藏），此幅无款，但可断为王维前物，因尚未及于成熟之山水也；宋以后人，多喜仿大小李将军之金碧山水，实中古人守印度画的作风小变；但青绿山水，亦具至理，我在 1920 年在柏林见德国画家他貊（Hana Thorna）几幅风景，逼近中国青绿山水，但接近自然，风格逼真；后于 1940 年夏，居喜马拉雅山，偶至客乡（Kashen）附近七千尺左右高处，望十余里外对面满种茶树之山上，全是中国画青绿山水四青与四绿（若古人用头青与头绿，则推演出而将就用之，实胡闹也，实因古人无花青藤黄），此必在高处，且山上全披葱郁之植物，于繁茂之际，观者必须置身同等高处。平视（高视便无此色）不太远亦不太近，日光斜照，方得此淡石青石绿之美丽色彩；用赤金勾出，更有意义；因如太阳正射，则山势失其起伏；如反射，则成一片灰色；若用浓墨勾出山势，则嫌太重；倘用淡墨，则又显得软弱；只有用赤金勾出，恰到好处，又显得光彩。我想大小李将军，当年皆活动于陕西长安一带，可能在秦岭，或在山西五台山习见此种景色，故善画之如是（金碧山水）。在中国西南部，若四川、云南、贵州，应常常看到如此真景，江苏的董其昌硬派太原王维为南宗，因其大概少写江苏所无之层峦叠嶂也。王维画现在世上已不存在，我们推崇他，因根据苏东坡诗"……吾于维也敛衽无间言"。因为唐宋绘画水准极高，能令东坡倾倒如此，必是一旷世天才，惜乎由他创立之中国性格（民族形式）水墨山水，因为文人所祖，首先抹杀了具有优良传统的工匠所作大幅人物题材的华贵作品（主要如壁画），而发展成为脱离现实徒具形式的文人画，终至没落而成八股山水。便反而断送了中国全部绘画，真是出人意料。

浅绛

只用花青、赭二色（一冷一热）渲染，不用其他别种色，谓之浅绛。此作晨雾，颇有效果，因为用同等深浅（极淡）能区别光量，确为聪明办法。但于花卉，便不适宜。尤其幅幅都是浅绛，便显得单调。石谿、石涛最犯此病，此所谓"知其然而不知其所以然"。

又浅绛渲染，必须施之有章法之山水，不宜用于数树一石之片幅，因片幅太具体，仅冷热两色，不能了事，反不若淡墨一色概括了。

　　我举一事，证明今日中国画山水者之通病。

　　我在1938年10月漂流广东西江到江门，其附近四会，为中国著名大村（五万人口），实可称一城。其地有一陈君，曾执教于广州市立某学校，闻吾至，来舟相访，请过其叔家餐叙。饭后为其叔写《西江寻梦图》，因其叔有一爱子十七岁而殇，心甚痛之，故命陈君作图纪念；阅竟，吾赞其画法之佳，陈君更请深言。吾因询陈君，此图可易题为长江寻梦否？可易为黄河寻梦否？甚至为黑龙江寻梦，亦无不可。因不能确指境地也。陈君愕然，因问：如先生言，当如何而可？吾谓既然是广东西江，倘不能用屋宇表示广东房舍结构与别处不同，必当用植物表示，如长江以北少竹，黄河以北更罕见，竹之产两广者，多丛生之慈竹，不同于江浙两湖皖赣竹能成林；福建广东，多见垂根巨榕，湖南江西四川亦有之，俱不垂根而大叶；芭蕉在广东省，结实累累，至江浙四川尚能开花，便不结实；多棕树参天，他处无之；若在图中多写三五株高棕树，画几丛结实芭蕉，则画自然不能移动境地了！陈君恍然。又如匡庐雁宕，无层峦而有叠嶂，因无高峰；黄山莲花峰，虽全是巨石所积，但可用荷叶皴，而不得用大斧小斧劈法；江浙少数百年之大树，如北京习见奇姿异态之古柏，因有大寒大热大风，若气候温和之地，如成都丞相祠堂前所产之大柏，一长直上五丈高，毫无姿态，因不需与天时奋斗也；若云南点苍山下三大唐柏，因为点苍山的西风厉害，故又具姿态。记得我作一首打油诗咏之："虬枝欲挽朝暾住，激战西风日夜间。直到斧斤不敢赦，天留古柏伴苍山。"因近一千年的西风，吹得柏枝完全东向，好像要伸出臂膊拿日出也。又苍山山势，全是王蒙皴法，他处似未见过，王蒙初未到过云南点苍山，而能暗合如此，此又似鼓励人闭门画山水了；但王蒙画，无远近法，到底看出他未常接近造化，不称当行；比如郭熙善画水层岩，马远善画石来岩，董源善写土崇山，倪云林不写大树，皆是忠实表征。后人懒惰，不解师法造化，便自然主义都谈不上，所以愈不成其为画家了！

近尚有与八股山水并行的画，香蕉苹果一类低能的东西。我又想起一事，1937年抗日战争起，我随中央大学迁重庆。四川省政府，聘我招考中等学校图画教员，请我监试并出题。我即出一题："要画中有两个人在工作，耕田也好，挑水也好，但要看出是四川人；要一株大榕树但树上不要叶子。"诸生想了半个钟头，画不出来，于是怨声载道，说："这像啥子题目，四川人还不是与别省人一样的，树不画叶子，怎看得出什么树？"我即起解释道："一个中等学校教员，当然不必要能写杰作！但是我要测验你们，能不能观察自然，若要用形象来区别人，自然甚难，比如说安南人（今越南人）当然大别于蒙古人、广东人，不同于河北人，倘用打扮服装做区别便容易极了，头上裹了一大白布头巾，上身穿件长衫，而光着脚，这不是一看就是四川人了吗？至于榕树大异柳树，柳树大异于松树，倘画柳树不画叶，可能被认为别的树；但榕树盘根错节，又巨大非常，如写出被人误认，那就奇怪了。"众方詟服，但终于草草了事。向来埋头于八股山水或用功画香蕉苹果的人，自然无办法作出此题，事后亦未产生任何影响。我所持的道理，可说不错，只因不配合政治，因之不发生作用。比如今日，说明艺术应服务于人民大众，倘连这些都不会，那就用不着你这一类的画家！情形就远不相同了！

八股山水尤扼杀我国工艺美术，如我国瓷器、漆器、刺绣，都因制作者懒惰，用山水代替图案，至没落到比原始陶瓷都不如。比如一个瓷器，一件漆器，一幅刺绣，加上山水，还能与人什么美感吗？光的白的倒显得干净多了！因为它绝不可能像真山水，亦绝不可能有山水画画面上的优点，甚至连八股山水都不如（比它省事，费事而不得效果，就显得俗气）！所以山水画虽曾成过好东西，但没落了的八股山水，却成为一件坏东西了！（听说为了遮掩器上的毛病的缘故，但无别法可想吗？）

再举一例：如英勇抗战一类题材，当然不能责之文人画家；但中国古今文人最艳羡之事，最理想之景，其莫过于桃花源；但此中人物鸡犬，如董其昌、王石谷辈，能梦想得到吗？这辈文人能胜任吗？文人画家，并桃花源尚不能想象，还有什么前途呢？

总之，艺术需要现实主义的今日，闲情逸致的山水画，尽管它在历史上有极高度的成就，但它不可能对人民起教育作用，并也无其他积极作用；其中杰作，自然能供我们闲暇时欣赏，但我们现在，即使是娱乐品，顶好亦能含有积极意义的东西。我们之中倘有天才，希望他能写出各种英雄（如战斗英雄等）的史实，各种模范的人物突出着我们幸运遭遇这个伟大时代。像列宾、苏里可夫、米该蒂（意大利十九世纪大画家 Jario《渔家女》之作者）等人，类似之作品；倘从文化着眼，中国五代北宋山水，已成缥缈高峰，我们便有能力向上堆积，亦加高了有限。现实主义，方在开始，我们倘集中力量，一下子可能成一岗峦。同样使用天才，它能使人欣赏，又能鼓舞人，不更好过石谿、石涛的山水吗？

故宫所藏绘画之宝

历史上稀有之物，辄号曰国宝。吾国立国五千年，具国宝资格之品物，应有不少；顾不肖子弟，不自珍惜，百年以来，或遭豪夺，或受利诱，辗转迁移，流落于他邦，成为他人国宝者，吾之所见，已不下千百事。反观吾国所遗，所谓文物之宝，如画，如书法，或吉金刊石之属，人视为国宝者，世已不得会观。此次中英艺展，不佞忝为专门委员，与邓以蛰先生同在故宫博物院上海堆栈审查书画二百余件，颇得纵观之乐。《大公报》索为短文，爰举个人感想，叙其优劣。不佞见解偏执，或不独得四王同乡人之同意也。

中国人自尊之画为山水，有两国宝，已流落日本：一为无款之郭熙画卷，一为周东邨《北溟图》。中国所有之宝，故宫有其二：吾所最倾倒者，则为范中立《溪山行旅图》。大气磅礴，沉雄高古，诚辟易万人之作。此幅既系巨帧，而一山头，几占全幅面积三分之二，章法突兀，使人咋舌！全幅整写，无一败笔。北京人治艺之精，真令人拜倒。

一为董源《龙宿郊民》设色大幅。峰峦重叠，笔意与章法之佳，不可思议。远近微妙，赋色简雅，后人所为青绿，肆意敷陈，不分前后，莫别彼此者，当知所法。

郭河阳有四幅，其山林一帧，清音遝发，不同凡响。

马远多幅，仅《华灯侍宴》足观。夏圭《西湖柳艇》，写傍水生活，美极矣！其处理舟楫莐苇，乱而理，熟而稳，色尤和谐，信乎其为杰构也。

此外，若李唐《雪景》、李迪《风雨归牧》，及无名氏《溪山暮雪》，俱佳。尤以阎次平之《四乐图》，岩石之钩皴法，树木之挺秀，俱戛戛独造，别开生面，惜后人无嗣响者。至巨然大幅，似非真迹。

花鸟乃吾国美术精诣，亦两宋人绝业，其杰作若林椿《十鹊》，生动天然，作风尤高妙。其布局于聚散飞止各态，极见经营之工。崔白双钩《风竹与鸬鹚》，确是杰构，可爱之至。

赵昌《四喜》，虽无林抚之雄奇，而特为秀逸。又鲁宗贵《春韶鸣喜》，的是佳幅。至徐熙、黄筌、元吉、黄居寀等巨子，此次未有出品。

宋徽宗画，故宫藏者，吾未见之。皇帝大画家，乃世界少有。其大名世多知之者，当以佳幅出陈，以餍众望。赵孟頫乃吾国历史上最大画家之一，惜故宫无其作品。元四家为八股山水祖宗，唯以灵秀淡逸取胜，隐君子之风，以后世无王维，即取之为文人画定型，亦中国绘画衰微之起点。此次有吴仲圭《洞庭渔隐》，尚有浑重气概；黄子久画，为恶札所毁；唯高克恭《雨水》，略多滋味，较一味平淡之倪高士画为胜。

明人画，自推仇十洲《秋江待渡》为第一。图写人物树木山水，层次井然洋洋大观，无一懈笔，但非表情之大结构。就画而论，不亚于流落日本之《春夜宴桃李园》一图。如此工力，使人敬佩！

明宣宗写壶中富贵，殊为精能。唐寅《暮春林壑》，确见独创作风。陆包山《支硎山图》作法巧妙，此公为画中最巧之手，而又不流于熟者也。

若陈老莲，若石涛、石谿、八大等怪杰，俱当时流亡之人。如"破碎山河颠倒树，不成图画更伤心"等句，如何不令当时战胜征服之君主所注意？所以此类杰人作品几濒绝迹。至对八股式庸俗模仿抄袭之作品，等之自桧以下，不足置论，鄙意以为送三四件以备一格可矣。

自来中国为画史者，唯知摭拾古人陈语，其所论断，往往玄之又玄，不能理论。且其人未尝会心造物，徒言画上皮毛笔墨气韵，粗浅文章，浮泛无据。此次多见真迹，可订正盲从之讹。又此次无人物，曾建议取宋太宗像（皆中国画中大奇）陈列，此为世界首出之华贵像。前乎此者，莫与伦比也。

故宫书画展巡礼

感谢马叔平先生，以及两国立文化机关之办事人，此番吾人之眼福够饱了。此展分两次展出，兹举吾所赞叹者，略述于下。

书法

吾国几乎仅有之王羲之墨迹《奉橘帖》尚有人疑非真迹，但较《快雪时晴》高出多多。试看"橘三百枚"四字，有谁能办得到？宋贤苏、黄、米、蔡四家墨迹，苏书非极精品，黄、米两家书简，神妙如此，真过得到瘾。东坡喜举君谟，其书确有气度。又欧阳文忠公一页、杨少师一页，亦极珍贵。所陈虽不多，但至足赏玩。

名画

此次所陈堪称神品者有两幅。一为第一室之李唐《雪景》，笔法之高古，与气味之浑穆醇厚，诚不世出之杰作，为世界风景画中一奇。试看雪分远近，谈何容易，此不仅观察精微，定要笔墨从心所欲。李唐流落人间之作，尚有我在五年前请中华书局印出何冠五所藏之《伯夷、叔齐采薇图》。此老信为吾艺术史上天才之一，非刘松年、唐寅可能比。

另一幅，乃第二室《寨上》，小幅黄公望山水。美哉，苍莽而浑厚，远近层次，微妙至此，信销魂之杰制。吾国山水画之能雄视世界艺坛千年者，不赖此类名笔乎？其旁有元人朱德润《云瀑》，亦是上选。伟大之范中立一幅，以绢色太旧，天暗难以赏览；李成幅较重要，但未能移吾情也。

楼上有极重要之巨然巨帧，信乎不凡。此画可称无章法，但有办法，巨帧而赖办法不足为训，但非天才，亦不敢如此。试看其旁郭熙幅，便觉其出力经营，而无美满效果。顾此非郭画精品（故宫有另一幅高此幅远甚），抑吾意亦非以此两画，而遽定巨然、郭熙优劣也。

宋人大幅青绿山水章法不恶，唐棣《渔归》大幅，极萧散，与元人《寒林》，皆是此展佳画。又如著名之沈石田《庐山高》、石谿山水卷，俱系杰作。前者尤重章法，至于石谿，可称三百年前之表现主义者。

吾不应遗忘高古雄强之马远，其派甚行于日本。吾国人久居北平者，颇亦效其体，以凿纤强之病，但终无克家之令子也。

花鸟画，乃吾国艺术在世界文化上最美妙之贡献，此席至今，尚无人敢在首座者。试看徐熙、黄居寀（四川最大画家之一）、宋徽宗以至明代边文进、吕纪，此唯美主义中之自然主义，超越国界，无时代性，高人赏之，童子亦爱，欲不谓之国粹，不可得也。

人物最难，古今极少佳作，可与失去之《八十七神仙卷》比者殆罕。李龙眠之《免胄》图，实无神采。明代郭诩之作《谢安东山携妓》幅，笔情不弱，吴小仙非匹也。高其佩之指画《庐山瀑布》，殊有奇气，唯画中人物，不免滑稽。

评文华殿所藏书画

各国虽起自部落，亦设博物美术等院于通都大邑，俾文明有所展发。国宝罗列，尤其珍重，所以启后人景仰之思，考进化之迹。独我中华则无之，可慨叹也！而于东方美术代表之国家，其衰也，并先民之文物礼器，历史之所据，民族精神之所寄之宝物，悉数而丧之，使靡有孑遗焉，不尤可痛耶！吾往来南北，所见私家收藏古件可万计，佳者固伙，但生民憔悴，居吾旁者复以重利相啖诱，其存也亡也未可必。且嗜古之士，大抵均昔日治东方学者之遗继，自今收藏家子弟得与乃祖乃父同其笃好乎？自未可知，自可为物危也。虽然，吾后起者倘有幸能以世界之美术物饫我印象，以世界之自然物扩我心志，有所凭焉，讵患不能自立！特吾古国也，古文明国也，十五世纪前世界图画第一国也，衰落至一物无存焉，不当引为深耻耶？嗟何术矣！愿与吾同志发奋自振，请从今始。

戊午三月，与画法研究会诸同志观清之文华殿古书画，以鄙见评之如左。

最佳者：徐熙《九鹑》卷、惠崇《山水》卷、黄筌《鹰逐画眉》立幅、李相《山水》、林椿《四季花鸟》卷、赵大年《春山平远图》、赵子昂《山水》卷、张子正《花鸟》册、实父《仙山楼阁》、朱纶翰《松鹤》大幅、郎世宁《白鹰》、徐扬《山水》、东坡《治平帖》。

次佳者：苏汉臣《婴戏图》、龚圣予《钟馗懋迁图》、李龙眠《山庄图》卷、郭熙《记碑图》、王蒙《山水》、钱舜举《洗象图》、云林《山水》、沈石田《山水》幅、金廷标《山驿图》、董（其昌）临范氏（中立）及巨然（作品）、恽（南田）画菊、智永《千文》。

南唐徐熙画《九鹑图》卷，精工妙丽，其结构天然，设色浑逸，笔力复遒劲。凡用作写花鸟之长，于彼一无遗缺，宜乎冠绝千古，无人抗衡者也。凡鹑之喙、之目、之羽、之足，逼近真鹑，无少杜撰，而于俯仰、瞩啄、飞翔诸势，尤运匠心，臻乎妙境。其草木野花衬托之物，亦皆精意摹写，如干之劲、叶之灵、草之柔、花之简雅而不繁，非其全才谁能至，此为全璧！不可思议。

五代黄筌《鹰逐画眉》幅，精神团结，情态逼真，虽无款识，诚非黄筌莫能作也。其趣视徐熙略异，徐尚工雅，黄尚简劲，二者相衡，莫能轩轾。本幅以鹰之疾转，厥状恣厉，为最得势。画眉趋避危急，毕具哀鸣之态。其小树枯草，均以焦笔出之，允称丛驱，此则尤难能可贵者也。其鹰眼之疾、翅之劲，画眉之喙爪之瘦，阅者均不可忽意失之。

宋惠崇《山水》卷，浑秀极矣。其画派在当时殆独创。凡作平原而悉渚岸萦回之势及花木水石错杂辉映之韵，他人莫之逮也。惠崇僧也慧矣，有御者题诗，尚不恶，此尤为画幸也。

李相无赫赫之名，其画则绝佳。本幅层峦叠嶂，气极雄古，远近皴点分明，可师法也。其笔既妙，其景尤佳。山势盘旋而上，直抵云顶；山径曲折，约略可指；悬瀑幽壑，间以石梁。近处则长松挺秀，古雅无伦。山人群集，如无怀、葛天之民，悠然怡乐。房屋界画尤精，巨石横亘水际，状奇丑尽致，水流清泓，似可掬而饮也。

林椿《四季花鸟》，工妍极矣。宋人作画，其布置最精，故虽毫点厘画略无板刻意。唯其工细，故花瓣之倾侧、叶之反正、蕊之娇、蒂之固，其态乃毕现。而鸟羽之郁丽，及分配布置，乃能悉合美理，靡有缺憾。今人以刻画为工，失之远矣。

赵大年画，彼中有二幅，一卷一立轴。卷柔曼无足奇，直系赝物。轴则春山平远，葱郁润逸，观之神往。此非专恃笔墨之精到，亦景之妙致之也。古人写山水，恒不计景物之佳否，即纵情挥写，其成也如一张杂乱之山水木石标本，有何美趣足以动人？如此画木之疏，望之远，水之清，山之秀，对之心旷而神怡焉，不可贵哉！贺履之先生以为未必真迹，吾则不以姓名为重也。

元赵子昂《山水》卷，工雅典丽，得未曾有。景物幽逸，画笔灵巧，不愧大家。清流激湍，数人据一廊，灌足其间；群松迤逦，大田万顷，青绿交辉，云山霭黛，真奇制也。

张子正《花鸟》册，写生入神，其鸟其花，虽以简笔出之，而工致独绝。此其功力之深，不可几及，非如李复堂辈漫无纪纲、瞎画妄涂者比也。（此册今不在，乃前所见也。）

明仇十洲《仙山楼阁图》，以仅尺余之笺，作楼阁连亘，椽缆如丝，人仅若蚁，真神工也；云山缥缈，亦极有韵致。惜为俗人打满俗图章，画损色不少。

清朱纶翰指画大幅《群鹤松图》，伟丽空前，莫与伦比。笔法极苍润，设色极浑雅，吾前未之见也。群鹤游适极自然，泉石最佳，旷古莫能作者。松以最近数株为极则，左边略远者，略嫌未尽善，松针亦未分疏密隐现，为微瑕可惜也。

郎世宁以意大利教士来东夏，无端遂以画名，以其欧法施诸我脆弱之纸绢，能愉快运用，诚称不易。唯意大利此时拉斐尔出，彼不能传其长，以供献吾华，非其忠也。吾见彼画可十余幅，其精到诚非吾华人所及，所欠者华画宜有韵耳。今之欧画已完美至极度，但彼时尚未也。所悬《灵芝献瑞图》大幅，壮丽独绝。白鹰立岩上尤骄纵可喜，泉水潺潺若闻其声；紫藤系于松上，婀娜新鲜，为最耐寻味之点；其余若草若石，均俟改良；芝极佳，松本太屈曲，然其画法佳也。

徐扬画精极，有清一代画山水者独盛，而未有一人特过前人，兹有之，其唯徐扬乎？画悬于清之文华殿者，若徐扬之作，亦足使人满意已。本幅为大帧山水，结构极精，云山苍苍，尤足辟前人稀有之境；其石古，其山峻，其水活，其树郁而理，其人简而雅，其景宽而幽，其气雄而厚。清之山水，吾鲜取，然得此一帧，足使人无憾已。

苏书固佳，此《治平帖》真佳绝。钟张二王之真迹不可见，但使彼重作《治平帖》上数字，恐未定过长公也。在南见陈希夷真迹，来北则见此《治平帖》，可以餍足愿望矣。

苏汉臣《婴戏图》，设色极雅；所作小孩，未能竭天真烂漫之态，其工洁足多耳。

龚圣予《钟馗嫁迁图》，殊诙诡可喜。小鬼百十，无一不神情毕具，而于数鬼打翻扛物之态，尤杂乱可笑，开滑稽讽世画之先矣。树木结构均佳，山略嫌未逮。

郭熙画所见不多，此《访碑图》殊秀且健，人马至工整可法，赑屃负碑亦挺拔，古木森然，树瘿剥落均有致，但树法变化太少，为微憾耳。

王蒙为元四大家之一，后人崇拜至于极，所见真迹亦夥，但终嫌彼胸中丘壑太多，淋漓满纸，未能尽当也，顾其笔墨无可议。

钱舜举花鸟可继徐、黄，人物亦佳。凡工花鸟而又能精人物者，为至难能之事。《文殊洗象图》，绝清雅，可传也。

李龙眠《山庄图》卷，绝工细，有神采，水亦佳妙。白描良不易，可传也。

云林《山水》在其中者，均非精品，古木竹石尤不真，山水幅略有意耳。

沈石田之画本在仇、唐之下，但兹山水幅，绝清奇可喜。恽画《南竹石》幅，秀气夺人，可爱也。

金廷标画本不雅，然殊有力量。用写作石角嶙峋则甚合，其山驿驴夫拉扯之状殊入神，诸人夫及驴亦绝佳。吾人论画当就画立论，不必以人举画，以人废画，为艺外人之言也。然则此画可贵矣。

智永《千文》极茂密奇整，某跋以为学钟太傅，则殊附会。其书实出自右军，若谓右军亦出太傅，彼直远绍之，何不径谓之远绍中郎哉？是宜清界限也。

鄙人所见陈列物之佳者止于此，香光有数件颇佳，但彼之书画均薄弱少力量，画略秀，书则孱弱尤不堪，不足称也。

徽宗之画甚佳，若其书，直野狐禅。近人常以篆笔作草书（如吴昌硕）、以散氏盘作北朝今隶（如李瑞清）自矜，真可叹也。盖各体中笔意变化，已不可思议，尚何待从他处假借，势必至如今日姜妙香之道白，半粗音半细音，极难听而后止，而所篆者复不篆也。此意吾侪学者应知之，毋为所惑（若各体并精者，是有相喻忘形之处，然高妙如邓石如尚未逮，他人岂许冒充）。

阅古人作物，一见即奇异，或叹所见不如所闻，此为第一天性；若待人述或己默想其历史之妙点，然后相喻，此为第二天性。凡学者宜先以古人与今人一较，再与自己一较。今人无可及，自度以终不可及，再细审彼作品中有独到，使人不可及之处，如此一衡，彼之价值与己之价值均出。今人之所以不及古人者，以其己身本来未设想，或预备一位置也。吾人幸毋蹈此自弃之恶性，则或有进化之机乎。

我对于敦煌艺术之看法

　　中华民族原较东西文明各民族少宗教意识，自汉通西域，引佛教东来，更乘六朝丧乱孔多之际，佛教得以昌盛。于是为宗教服务之艺术，改变形式，大受印度影响，其中士大夫阶级，尚有守中国原来传统之作品（如顾恺之《女史箴》、展之虔《春游》等等，假定它们都是真迹），若六朝之洞窟艺术如云岗、龙门、天龙山之属（宾阳洞高刻已建立中国风格），大抵皆染印度影响甚深。因佛教此时极发达，既刊划佛教，用其形式，当不可避免。只建筑仍中国风格，因印度用石，中国用木，虽已无六朝建筑存在，但唐建尚有，以唐推断六朝，想能仿佛。绘画则由汉人丹青，发展到唐之极度壮丽完备，我可约略与印度作一比较。吾国古人好言印度犍陀罗艺术，以我游印亲眼所见，此染有希腊坏影响之北印度艺术，可以谓之希、印两族合瓦之艺术，因其全无希腊、印度之优美，而适有各个之缺点也。此可由上海土山湾教士传授中国人油画得一概念，其中国人所画之作品，全是中西合瓦，毫无意识！印度美术与中国美术时代兴衰有相同之点，即其上古甚有创造力（阿育王时代，约相当于西汉），中衰历五六世纪，而极盛于七、八、九世纪（唐代）。如今日印度之伟大作品若

Elephanta、Mawaripuram、Flora 等地所存之雕刻，Ajanta 之壁画，彼之极盛时代，与我国之极盛时代精神一致，即民族形式之形成；以印度 Elephanta 像庙及 Elora 之西梵天主伉俪浮雕（希腊王四世纪标准），与犍陀罗艺术之在北印 Taxila（不久以前发掘出一世纪左右古城），以及拉合尔等大城各大博物院所藏古雕刻相比，其精粗真如珠玉之与瓦砾！因我所见大小不下数千件犍陀罗作品，三等以上之物未得见一件。若象庙之三面像及爱洛拉雕刻，伟大精妙，则是奇观，可与埃及、希腊杰作比拟也。此犍陀罗风格之被中国接受，遂致中国失去汉人简朴而活跃之风格，形成一种拙陋木强之情调。迨唐代中国性格形成，始有瑰丽之制。故敦煌盛唐作品，其精妙之程度，殆过于印度安强答壁画。

吾国自汉及宋千年文物大都毁坏，文献不足征，幸有敦煌洞窟保存得数百件完整壁画与雕刻，可考见吾国各时代之风格与兴衰之迹。而最重要，唐代中国文艺高峰之存于绘事者，可约略窥见一斑，为吾人想象不可得见之吴道子、王维高妙作品之助；而又证明借助他山，必须自有根基，否则必成两片破瓦，合之适资人笑柄而已，征之印度与吾国皆有明例也。又魏时之喃喃派（亦可称之未成熟之山林情调）不能比汉之喃喃派，因汉代雕刻之到达武梁祠境界，如人之已能语言，差足表情，若降而又返回喃喃情调，则有如患脑膜炎而哑者之语言表情，显出病态。敦煌北魏之飞天，不足比辽阳汉画，而盛唐供养人，则可考见中国绘画之大成。合以历世所遗卷轴观之，治中国中古艺术史，得过半矣。

中国美术之精神 —— 山水
—— 断送中国绘画原子惰性之一种

　　山水为综合之艺术，在世界绘画史上发达较迟。故欧洲之纯正风景画至十七世纪见于荷兰之雷斯达尔、霍贝马两家，皆于人物精极之后始摹追高渺广漠之大宇奇观，如虹霓闪电，厥显奇文，风雨晦暝，滋生遐想，实艺事进化自然之趋势。无足异也。吾国文化轫创为早，故七世纪即诞生王维亦在道释人物盛极之际。嗣后荆浩、范宽、郭熙、李成辈，虽俱以山水名家，亦莫不精极人物技术完备。若米元章独见黑白两色，泼墨淋漓，尤为世界第一位印象主义大画家，座几鼓瑟湘灵可揣着落，蜃楼海市，境非全虚，自以可贵。元人隐逸，唯寄闲情，外族君临，苟全性命，而见闻亦隘，囿于一隅；但王蒙写江浙蒙苴之山，倪迂作太湖流域平远之景，其情可谓高远矣。自明以降，竞尚科举，世家巨阀，夸耀收藏，遂多模仿，亦执谦之意，不敢掠古人之美，非不可敬也。追《芥子园画谱》出，益与操觚者以方便法门，向之望物不精而尚觉有不足，始为山水者，易为一物，不能写山水以掩饰浅陋恶劣，恬不知耻，唯借科名倚势自重，鸣呼！自四王以下凡画必行篇一律，恶札充盈，有精一草以成家，写一木以立名者，能亦低矣。其所模拟厚诬古人，昭昭不可胜数也。其人视云山若无睹，傍宝树曾不觉，螂蛆甘带，斗筲小器，如生长福州美丽江山中之林琴南，最足代表此流弊者也。自甘堕落何能自解，于是造化为师之天经地义，数百年来只存具文，艺事窳败，欲至于此极伤矣。

故山水者，虽文学雅士，用道豪情之工具亦庸夫俗子持饰懒惰之资料也；而其为害于中国工业美术，尤罪大恶极。吾尝谓苟吾一旦南面王必严禁瓷器、漆器上画山水，违者杀无赦，不见江西恶劣之瓷器乎，上必画八大山人，而下有远山一抹，枯柴几枝，设是美材良瓷，岂非断送。试问不写此鬼子画，此鬼子画不可恶果，不见夫福州漆器乎，有时画一蝴蝶，弥觉新颖，便置数文钱于上，亦未见俗气，独至画工细山水于漆器，乃觉恶劣不堪。又不见湘绣乎，昔与瓷漆器，皆放光荣者也，今则喜以白底欲与衰落之绘事之功，而绣山水业用不振。夫科学唯一美德在精确，今中国所见无一物不浮泛；固然美术至于神奇变化之时，必令方者不方，圆者不圆，红者变绿，白者忽黑，约图成体，举物象征，但终不能香者不香，臭者不臭，除非鼻塞，失其感觉，故中国人民，普遍趣味低下与审美观不发达，实山水有以障之。山水为画中后出最美之产品，何至为害，若是则请观大易释义，孔没教，如此不可思议之人类真理，乃成功二千余年之乡愿保障，唯其高贵故必借以为护符，转至愤世嫉俗者，疑及其本是可衰也。欧洲某美术家曰："成型之艺术实精神之懒惰。"盲哉斯言，故吾亦曰："衰落者，乃懒惰制成之杰作。"善哉，孔子之言曰："士不可以不弘毅，任重而道远，仁以为己任，不亦重乎？死而后已，不亦远乎？"古今大艺术家，何一不若是哉！

为艺术之德，固不当衷于一是；但以博大雄奇为准绳，如能以轻微淡逸与之等量齐观者，固无损其伟大也。若其跻乎庄严、静穆、高妙、雍和之境者，则尤艺之极诣也。故 Duvis de Chavames 视 Veroriese

无愧色。一如八大山人书法何遽逊智永和尚，要以所造为准，而德实有大小之别。唯乡愿既张，群夫逐臭，陈陈相因，驯至好中国狗矢者遂好外国狗矢如马蒂斯，外国加甚之董其昌也。董其昌为八股山水之代表，其断送中国绘画三百年来无人知之。一如鸦片烟之国灭种种毒物，至今尚有嗜之者，为病既深，遂安于病，对无病者，又好令人染其病，而为同病相怜以抟绝灭不可悲乎！其嗜外国狗矢者为炫新奇又逞投机，遂以马蒂斯一类盲品贩运中国，既可文饰其大赋之庸，又可掩护其不学之陋，欧洲岂无天球河图哉。顾其目营未尝不极工也。

是知衰落之征候，入于文化各部分时，方以类聚，遇食自然，苟无高远振奋之谋，仍陷腐败秽恶之阱，造型美术虽微，但在科学绝不发达之中国，犹不失其极大之重要性，一如以豆腐代替肉食，维持国民营养，若十年前有人以艺事，觇吾国运者，当亦深知其危矣。何者皆情性（如山水），与纯愚无意识（如广东象牙球）之结晶也。近数年来，大梦略醒，社会之习尚少变，恒人审美观念亦不如昔日顽固；但嗜小趣少宏深博大之思，凡此与兴邦多少有因果关系而为浅人所忽者也，于是不惮犯人忌讳言之。

美术遗产漫谈
——一部分中国花鸟画

　　绘画亦古人在创制文化上劳动之收获，中国于此，成绩特著；但其造诣，确为古今世界上占第一位者，首推花鸟，尤以十一、十二世纪北宋人，为达最高峰。中国美术，无疑，几乎全是自然主义（人物之自然主义，被批判为无聊行动），故在社会主义的写实主义（即现实主义）时代，一切遗产，均须批判接受。我不敢贸然作批判，不过说明中国花鸟画在世界上之地位，确为吾国高贵遗产中之一部而已，考世界古文明国如埃及、安息、希腊、罗马，刻画动物，有过我国者，如埃及石刻中《鹰》《牛》，壁画中《雁》，安息石刻中《狮》《马》，希腊《牛》《马》，罗马《牛》《羊》《豕》等等俱已极精妙，再以工到之人物，结合上古农作或攻战生活，其造就高出吾国上古造型美术，唯其一切，皆为人物活动之附属品；吾国美术发展后，变为多元体；如山水、人物、花鸟、草虫，各树一帜（上古并不如此），有全不连属者。故为万物平等观，不同西洋以人为主体。彼之所长，我远不及，而我之所长，彼亦不逮。因为我国人之思想，多受道家支配，道家尚自然，绘画之发展，一面以环境出产如许多之繁花奇禽，博采异章，更益以举世所无之香花多种（兰花、水仙、蜡梅、梅花、桂花），花类如木棉、牡丹、玉兰、辛夷、莲花、木槿、菊花千种，又如梧桐、翠竹，欧洲罕见。而禽类若孔雀、白鹤、鸳鸯、鹦鹉、巨鹜、戴胜之属，俱欧洲少见，甚至鹊亦少见。故自然物之丰富，又以根深蒂固之道家思想，吾民族之造型艺术天才，便向自然主义发展。波斯、印度亦多物产，但其绘画，俱为生活习惯所限制，类作五六方寸大小之小幅，开展为难。独吾国北宋，承唐代文化之盛，工业制作，如瓷、如锦织，皆美妙无伦；至于绘画，借百余年之承平，服务宗教之外，于花鸟一门，特跻其极，其中卓绝之人物，如黄筌、黄居寀父子、崔白、易元吉、滕昌祐、宋徽宗等，尚有许多有瑰丽作品而不留名之作家，无虑百十位，制出无数使人惊叹之画幅，惜乎近代中国审美目光短视，偏重山水，而遗其他，百年来帝国主义侵略剥削我国，将我国历史上之珍奇，尽力搜刮以去；而吾国当时不肖之商人，结合短见之收藏家，则代其荟集罗致，迄今吾国在绘画上所有北宋人之杰制，已不及十分之一（指现世界所藏）。故中央人民政府，禁止古物出口，良是要图。这说明吾国古人劳动，不辜负优良环境，所以能产生如许多中国自然主义杰作！假使当时，便有今日政治环境，可能早就有了现实主义。（宋代米元章父子，因求得韵律，开始用"点"写山水，实即印象主义原理，早七百年。）因此，我们现在既掌握马列主义毛泽东思想，实现"大道之行，天下为公……货恶其弃于地也，不必藏于己，力恶其不出于身也，不必为己……"最明显的如"耕者有其田"，我们处于这样的环境，似应有这样反映的美术；自然环境，仍同古人所处，亦应当撷取其所收获，丰富我们的新美术！

现代世人擅写飞禽者，日本人颇多。在欧洲则有瑞典人李耶福尔斯（Lijefors），善写鹰、雁、水禽。苏联有李洛夫，善写飞雁、鸥，但俱未能突破宋人纪录，不比山水让位于 Constable Tumer 及印象主义作家。花鸟至明代尚有传人如汪海云、陆包山、吕纪、陈洪绶。清代绝响华新罗；亘二百余年乃有任伯年，变格为豪放之写意，前无古人，但自任伯年以后，五十余年，无继起者。

单纯之色调并非中国遗产。

吾国名贵之陶瓷，及锦绣、绘画，俱无纯色；瓷无全白，朱砂胭脂非纯红，石黄藤黄非纯黄，石青花青非纯青，石绿草绿非纯绿，举世界一切自然物中，亦少有纯色者，中国美术品制作类之，故能如是娴雅。（国旗之大红为象征，但只有国旗为大红纯色，当愈显突出）。迨西洋物质进步，提炼颜色为纯色，吾国工商业中，不加调和使用，于是染绸布悉用纯黄纯绿，纯青纯紫（各国少有），目之所接，使人发昏，硬不接受遗产之一种效果，就会觉得后退不少。不是遗产，固可抛弃，是件遗产，何必拒绝？但是这种情况，已经存在几十年了。

学画之步骤

　　人类知识之营养以自成。其伟大学者，养也；创作者，发也。知识之获得匪止一途，有以视而得之者，有以听而得之者，有以尝而知之，有以嗅而知之。然后，加深思明辨，是谓有成。画者，乃以视而得之知识也。

　　美术之目的与人生之目的相同，曰止于至善。

　　学画之步骤有七：一曰定物位；二曰正动作；三曰察明暗；四曰求神情；五曰研结构；六曰得其和；七则求作法。至五、六、七步，个人精神渐以展舒，知所取舍而自成体。自精研造物之结果而个人之性格得以完具，因得借其功能，创造艺术，故孟子曰："五谷者，种之美者也。苟为不熟，不若稊稗。夫人亦在乎，熟之而已矣。"夫果不善培养不熟，人不学无成。故艺术之事乃工力所诣，无所谓天才也。

初学画之方法

学画最好以造化为师，细致观察其状貌、动作、神态，务扼其要，不要琐细。

最简单的学法是对镜自写，务极神似，以及父母、兄弟、姊妹、朋友。因写像最难，必须在幼年发挥本能，其余一切自可迎刃而解。

须立志一定要成为世界第一流美术家，毋沾沾自喜渺小成功。文史、生物、算数、理化等普通课程为必要之常识，不可忽也。

艺术家能精于素描，则已过第一种难关，往往自身即成卓越之作家。故曼特尼亚、丢勒、伦勃朗，皆千古之最大画师，而近世戈雅、倍难尔、佐恩、勃朗群、康普，亦皆不可一世之大画师也。

历史画之困难

——答陈振夏先生

顷读陈先生《田横五百士之我见》一文，征引繁博，甚有见地。不佞最欢迎此类指教。惜未在成画之前，得友博雅之君子，如陈先生其人者，多所指教。但亦有鄙见陈述，并非文过，陈先生当能鉴之。

大抵一切艺术品之产生，皆基于热情。考据自不可忽，但止于相当深度，故有文艺复兴威尼斯名画家范乐耐是（Paul Veroness）者（世界最大画家之一），全以当时（十六世纪）衣冠铠甲，写历史画。如亚历山大王入大卢氏波斯王宫等，且成名画。此则以不耐考据，因帝王行动，宫殿景色，既考必须全套，便只有束手不画，其画中情感充实，主旨已达，千古读画者，亦谅其意。

迨近世考古之学既昌，各大邦都会博物院，日臻美备。一事一物，皆得实象依据，顾 19 世纪英国拉斐尔前派一群画家，几如黄山谷作诗，无一字无来源。其画之结果，乃貌合而神离，全不是那回事。

此非谓重考据，便定不获佳画，唯徒具优孟衣冠，必非作家目的，可断言也。

人之生活，有常与非常之别。社会状态亦然。如生活之常，则日作夕息，而古亦有夜行者。士大夫正其衣冠，尊其瞻视，便南洋习见束发之印人，或冠或不冠，要之须理发整，但统率机关，忽在一时召集之，则必有甫在冲凉叩裳匆匆而赴，或在梳栉，亦是必有之现象，而北人须髯为较稀疏，西南夷亦然（今所习见者）。至于唐阎立本以下所写之画，何能作完全之依据。且不佞虽陋，何至昭昭在人世之物，都未之见，陈先生想亦信之。

不佞十年前工作此图时，曾与胡小石先生及黄季刚先生商服饰，胡先生即以张惠言所著之书（书名已想不起）见授。其中记载，视陈先生所征笔者，尤为详尽，顾俱无实物可证。余反复玩索武梁祠孝堂山诸石刊，方知古人所云无裤之谬，仅必束其管而已。而衣冠为士大夫之常冠，赤舄则贵人服之，诗已述及。而深衣其袖前窄后宽，必为可据。不佞所加于想象生于周末之秦人田横者如是。至于衣色之深红，与佩剑，皆便宜吾全画之调和与沉郁之情绪而设，初无依据也。

且严格之考据，艺术家皆束手。盖缁衣之宜兮，缁色何从来，矿质乎，抑植物质乎，距郑较远之吴越有之否？此皆挂一漏万之困难也。且如陈先生所征引之古籍记载，即请先生画出田横赴窦婴之席旁坐灌夫之人将相三公大概衣饰，完全据依载籍从事，不佞必信陈先生将束手无策，此言其困难也。况流亡之社会，诸色人等，贵贱老少男女悉集。即令柯达公司已有代理在当年东海，亦有画中演剧者，是日适穿错了衣服机会。故指摘刺谬，乃必然有之问题与文章，画家虚心接纳此等批评，乃艺术家原有之态度。而真正问题，究不在是也。倘陈先生肯定画中人应穿何种衣服，具图具色见示，更所欢迎。

方不佞之兴也。由于蒋剑人《咏田横五百英雄》一诗，尤在其"海云岛树郁苍苍"一句，中国画上，无沉郁之格，余欲令全幅入于沉郁，而人人有殉义之气，故必须有赋色之自由，题曰五百士，而画中实三十余人，此便不能责断画中人格之贵贱。且田横五百士中，无一著名者，此即如吾抗战死难之烈士，多寻常人。而衣冠之士大夫，往往就职傀儡，大略同也。陈先生所谓"齐人之贤者……"，行文固可，说理则不必要也。故"攘臂露胸……"譬之高跟女鞋，目的达到，何必深究理由。凡此既非笑话，亦非文过之饰词，盖所谓困难也。至于服饰器用，就令完全考出（天下所无之事），尚有身经北纬几度海岛中究竟有些什么植物等问题，则今人对于正古人之动作所发生之情绪，恐将全乖。画家倘欲牺牲此点（不比戏剧可用多种动作完成），宁可不画之为愈矣！陈先生能思及此，度必首肯。

秦李二君之批评拙作《九方皋》文，曾未之见，二君于不佞，缺乏善意，故无一辩之价值。拙作较成功者，至今尚以《九方皋》为第一。惜知音不多（当然有之，并为真正之知识阶级），因其必欲视为历史画也。虽《田横五百士》，亦不宜以历史画看。因五百士之历史，只有"自杀"二字，此旨微妙。唯如陈先生者，当能喻之。而陈先生文中"……不从汉则应从秦或从周"之论，正犯着为考据者共同之病。陈先生细心一想，当必哑然失笑也。宁不知杂乱无章之俗语乎。

兹再将鄙画中所有各物一一书列如下，并无遗漏。

冠。皆有缨，冠之用为使发不散乱（见《左传》子路濒死之语）。武梁祠画者多前突，至朝鲜乐浪出大汉画，皆较小。其时其地最近，故为依据。至陈先生所谓冠，尚祈为图详告。

剑。古时皆铜剑，今尚多存者。唯鞘之制，与佩剑之式，只能出之想象，倘有确实可据之图，甚望见教（唐以后物不要）。

衣。深衣，如田横所服。破衣，如流亡诸壮士所服；其所破之程度，与破在何处，如何而至于破，则出之想象。绿衣，见《诗经·卫风》。

枸。裹头用者，友人曾示我以《后汉书·舆服志》，谓秦时有之。

裳。画中两妇人服之。

短衣。《汉书》："通儒服。汉王（高祖）憎之，乃变其服，服短衣。"

裤。武梁祠石刊。

舄。如横所著。

履。孟子巨履小履同价，人岂为之哉。只黄衣士穿一破履，难识其精确之状。至于长靴，倘入鄙画，必更遭物议。

带。据张惠言书。

其外无据者，如乘马（古者乘舆）具有鞍及缰绊，以应画用，纯出杜撰。幸陈君谅我不提，因画舆便无表情，且我在右端需一暗白色，此外便无他物。

故谓鄙画完全无据，幸友人张罗得些故实如此，供我抒情之用。自谓粗足。若必欲吹毛求疵，问哪位何故赤脚，不佞非不能答，其答词，或者使人将笑得肚痛，或者使人太难过，是以免。

傅抱石先生画展

　　山水于画为晚出，在民国，至七世纪之盛唐王维，方确定建立此易人之馈艺。在欧洲必至三百年前，十七世纪之荷兰人雷斯达尔·霍贝玛，同时若意大利之丁托列托，及较晚辈之关尔弟，则专写建筑物市街，前者尤精绝。而法之罗朗，尤以擅写海天残照，为十九世纪世界最大风景画家英人透纳所祖述者也。首创欧洲风景画，诸人中对此颇奇，因雷斯达尔从不写人物房舍，其最擅胜场者，为激湍之奔泉，为清泓之树影，纯然会心于绝无点缀之造化。而造诣特深，与绝对不离开几何线之丁托列托，大异其趣，此为从未写草树之风景画家，亦全世古今所无之怪物。虽吾国之赵千里，亦未尝如此其刻板也。王维信美矣，无作品遗至今日（附其名者俱非真迹）。吾所最尊之山水画凡两幅：一为故宫藏范中立之《溪山行旅》，一为周东邨之《北溟图》，真是质诸鬼神而无疑，百世以竣圣人而不惑之奇绩也。若董源、巨然、米芾、郭熙传世均有杰作，而米芾尤为中国首创印象主义大家，纯以墨气分光彩。后之笨汉，漫以横点拟之者，中国大达主义之玩笑正式成立，应为董其昌，至彼乃水失其平，树干变方，人翻筋斗，舟行陆上。总而言之，病者说好，大为不妙。从此画不重形，骨干全失，虽芥子园之流毒，使人不用观看，而以声势凌人。导人唯以位望，则董其昌真罪魁祸首也。夫以衡使轻者重而重者轻，是即所谓韵，变易形象之常态，则兴趣倍增，若遂□遗弃迹象。诚笨侯也。而半解之夫好之，因制成三百年之衰微。

四王并非无才，惜收藏家醉心古人太过，全神尽为古人所摄。致目不旁视，行必坦途，天地至大，必欲坐井观之。前有园，涉深便不敢往，揖让周旋之术工。而乡愿之道备，石谷子能成此时中国画圣，亦理之奇也。其光洁整齐，大拟伦敦裁缝所制之西装，在清朝统治下盛行八股之际，尤称适合时宜。于是嵚崎没落高逸不羁之要人，独游行于大自然中，高尚其事，若石谿、石涛，其著者也。

文艺所凭借之内在力量有二：曰笃信，曰自由。前者基于心悦诚服之理智，后者则其独往独来之情感，苟跻其极，并能不朽。但不能离乎自然，苟摒弃自然，则沟通人我之主点情意全失，艺将不成其为艺，而怪喜狂叫，亦必不成为一种语言令人了解也。但自然中，固有惊雷闪电，得其真趣，人亦共喻，此中真伪之理法，乡愿与猖狂之辨，不可不察也。夫充实之谓美，充实而有光辉之谓大，大而化之之谓圣。虽孟子之名言，实天经地义，今者仅因补品而得健康，其悖于养生也明矣。此不佞二十年来力倡写实主义之原意，而因抗战剧变，得到成功者也。抱石先生，潜心于艺，尤通于金石之学，于绘事在轻重之际（古人气韵之气）有微解，故能豪放不羁。石涛既启示画家之独创精神，抱石更能以近代画上应用大块体积，分配画面。于是三百年来谨小慎微之山水，突现其侏儒之态，而不敢再僭位于庙堂。此诚金圣叹所举"不亦快哉"之一也。抱石年富力强，倘要致力于人物、鸟兽、花卉，备尽其奇，充其极，未可量也。大千君璧之外，又现一巨星，非盛世将至之乎？

谈高剑父先生的画

吾国原性艺术，为生动奔腾之动物，其作风简雅奇肆，物多真趣。征诸战国铜器、汉代石刻，虽眼耳鼻舌不具，而生气勃勃，如欲跃出。及民族之衰也，此风遂替。厥后印度文化，侵入华夏，精于艺者，好写诙诡之道、释，其作至今无存，吾亦殊不尊之。王维挺起，乃为山水，水墨一色，取貌取神，成中国艺事之中兴。虽吴道子之天才，亦印度艺术之克家子而已，未建此伟业也。故非八股之山水（八股山水创自元人），乃中国古典主义之绘画，出世较世界任何民族之山水画为早，画中之最可宝贵者也。两宋绘画，成一切历史留遗之技巧，其为大地所尊，莫与抗衡者，厥为花鸟。元人（子昂一人例外）卑卑，其细已甚。明之林良，在粤开派，最工翎毛，笔法雄健，突过古人。闻语文学家言，粤语杂汉音最多，今之粤派，亦多承继吾国艺术主干，剑父先生其尤著者也。吾弱冠识剑父于海上，忆剑父见吾画马，致吾书，有"虽古之韩干不能过也"之语，意气为之大壮。时剑父先生与其弟奇峰先生，画名藉甚，设审美书馆，风气为之丕变。奇峰亦与吾友善，并因之识陈树人先生，亦艺坛之雄长也。吾性孤僻，流落海上，既不好八股山水，又不喜客串之吴缶老派，乃穷源竟委，刻意写生。漫游欧洲，研究西方古今群艺，归欲与二三故旧，切磋精求，奈人事参商，天各一方，不相谋面。而奇峰前年作古，二十年之别，竟成永诀，私衷悲痛，念之凄然！汪精卫先生主政中央，宏奖艺术，于是剑父始能为白下之游，携作与都人士相见。其艺雄肆逸宕，如黄钟大吕之响，习惯靡靡之音者，未必能欣赏之。顾其鹰隼雄视，高塔参天，夕阳满眼，山雨欲来，耕罢之牛，嬉春之燕，皆生命蓬勃，旗帜显扬，实文艺中兴之前趋者。陈树人先生言：当年之高剑父，曾身统十万大军；轰动一时之凤山案，其炸弹实制诸剑父画室者也。被推为革命画家，宜矣！艺如其人，尤如其性。顾与剑父交游，又见其平易和善，而语多滑稽玩世。画家高剑父，博大真人哉！吾昔曾评剑父之画，有如江瑶柱，其味太鲜，不宜多食。今其艺归于淡，一趋朴实，昔日之评，今已不当。为记于此，以俟知者。

因《骆驼》而生之感想

　　常人恒准世俗之评价，而罔识物之真值。国人之好古董也，尤具成见。所收只限于一面，对于图案或美术有重要意义之物，每漫焉不察，等闲视之。逮欧美市场竞逐轰动，乃开始瞩目，而物之流于外者过半矣。

　　三代秦汉所遗之吉金食器，吾国最古之美术品也。好之者唯视其文字之多寡，与有无奇学，定为价值标准，是因向之耽此者，多文人学士。汉学既兴，人尤借春秋战国时遗器所存文字，以考订经文史迹，其有重价，自不待言；顾其不为人重视之器，往往有绝精美之花纹，形式图案，极美妙者，以少文字，遂见摈于中国士大夫。不知美乃世人之公宝，而文字之用，限于一族，为境窄也。文字与美术并重，宜也，今既有所偏重，于是一部分有美术价值之宝器，沦胥以亡。

　　吾国绘事，首重人物。及元四家起，好言士气，尊文人画，推山水为第一位，而降花鸟于画之末。不知吾国美术，在世界最大贡献，为花鸟也。一般收藏家，俱致山水，故四王、恽、吴，近至戴醇士，其画之见重于人，过于徐熙、黄筌。夫山水作家，如范中立、米元章辈，信有极诣，高人一等，非谓凡为山水，即高品也。独不见酒肉和尚之溷迹丛林乎？坐令宋元杰构，为人辇去，而味同嚼蜡毫无感觉。一般之人造自来山水，反珍若拱璧，好恶颠倒，美丑易位，耳食之弊如此。唐宋人之为山水也，乃欲综合宇宙一切，学弘力富，野心勃勃，欲与造化齐观，故必人物宫室鸟兽草木无施不可者，乃为山水。元以后人，一无所长，吟咏诗书，独居闲暇，偶骋逸兴，以人重画，情亦可原，何至论画而贬画人，是犹尊叔孙通而屈樊哙也，其害遂至一无所能之画家，尤以写山水自炫，一如酸秀才之卖弄文章，骄人以地位也。故中国一切艺术之不振，山水害之，无可疑者。言之无物，谓之废话；画之无物，岂非糟糕。

近日中原板荡，盗墓之风大启。洛阳一带，地不爱宝，千年秘局，蜂拥而出。国中文人学士，兴会所寄，唯喜墓志碑铭，其中珍奇，信乎不少，如于右任氏一人所蓄，便大有可观。但其中至宝，如殉葬之俑、兽、器物，皆与考古及美术有绝大关系者，以其多量贱值，士大夫不屑收藏，坐视北魏隋唐以来，千余年之瑰宝，每岁运往欧美日本者，以千万计，天下痛心疾首之事，孰有过于此者。

吾国文献，向苦不足，古人衣冠器用，车马服制，记载既泛，可征之于宋画者，已感简略不详；六朝之俑，品类最多，如武士则环甲胄，妇人则分贵贱，其鬟髻衣裳，袖带佩挂，近侍与走役等人物，可得一完整社会之概观；而驼马之缨络辔鞍，皆精密刊划，事事可按，信而有胄，不若图绘之随意传写也。欧人在古希腊之墟，发现塔纳格拉城（希腊之 Boitre）与麦利纳城（小亚细亚）两地之熟土制人，不若魏唐塑制，有釉有彩，精美殊逊，人已视同瑰宝；凡大博物院如法之卢浮宫，且称为傲人之具，吾国人之对此，情同委弃，相去如此。

此类出土人物群兽之尤可贵处，在其比例精确，动作自然，往往有奇姿好态，出人意表者（有舞女及怪人绝奇诡可喜）。近世明清雕刻，反退居于美术上所谓正西律（Fron talite）野蛮格调（丹麦著名美术批评家 Lange 所创言），以彼例此，真有天渊之别也。吾向者以为中国艺术，仅绘画及图案（非指现代），足侪世界作家之林，靡有愧色。若雕塑者，只细巧见长或庞然巨大而已，毫无价值，不谓千年前之工人，其观察精密，作法严正如此。吾去冬岁阑，在平厂肆所得之北魏两卧驼，堪称美术史上之奇珍，可媲美亚西里之狮、希腊之马。顾秦人视之，亦不甚惜也。知十年以来，此类等量齐观之宝物之流落于外者，宁胜计哉。倘世间只存其一，千年艳传者，则必与天球河图比价，今熟视之，若无睹然，逆料他日古墓既空，地藏丧尽，凡有珍奇，皆之国外有所考求，须万里行，反观故邦，垒垒黄土，必有无穷之子孙，为感叹啜泣者。吾国向视博物院为厉禁，但公家设立之图书馆，已遍中国，除购大英百科全书王云五大著及……外，倘有人一念及此者否？则千元所罗致，可满陈一室，其为费用，亦不多也。

收藏述略

凡人嗜好之所集，欧人谓之搜集。国人则谓之藏，又曰收藏。凡收不必定是物之珍奇，要视人性之所好。有藏石者、有聚邮者、有藏书者、有集碑帖者，而收藏书画为远东人最普遍之嗜好。吾生也贫，少长游学于外，收入仅足自给，诚不能言收藏，唯以性之笃嗜美术，而始学画。我居欧洲，凡遇佳美之印刷品，必欲致之以为快。当1921年至1923年之际，德国通货膨胀，德国印刷术固为世界之冠，此际印刷品价虽陡涨，尚为余力所能及，故世界各大博物院中各大画家名作，搜集始遍，靡有遗憾。其时余识柏林美术学院院长某先生，时就问业。先生之艺，沉雄博大，最富日耳曼精神，亦即后日纳粹奉为德国精神之元者也（先生最著名作品为柏林大学中之壁画大哲演讲德国民族主义一图，论者谓为德国派中最佳之壁画）。余在1922年得购其两幅油绘题，皆包厢写剧场中之观剧者，又素描五张。迨1933年又抵柏林（因柏林美术会请往展览拙作），更得其油绘一，素描二，版画四种。1923年余由德返法，是年冬间因一机会得法国名画家之素描一夹，大小逾百纸，泰半皆其精妙之画稿（巴黎崇贤祠壁画大王奇迹即出其手）。1925年购得达仰先生之画。

十六（1927）年返居沪，以先君酷爱任伯年画，吾亦以其艺信如俗语之文武昆乱一脚踢者，乃从事搜集。五六年间收得大小任画凡五六十种，中以《九老图》《女娲氏炼石补天》及册页十二扇面十余种为尤精。

二十五（1936）年余居桂林，因得见李秉绶、孟丽堂及粤近派之开创者居巢居廉两先生手迹，颇为罗致并世作家，率多爱好，特好齐白石翁及张大千兄之作，所得亦富。二十九（1940）年应泰戈尔诗翁之招赴印度，彼所创立之国际大学，固得翁所作画三幅。翁以诗名天下，又为卓绝之音乐家，六十岁后始寄情以绘事，不拘故常，独往独来，诗人漫兴，恒入化机。余曾有文论之。赠余之面具幅，为翁精作之一，吾非常珍视者也。

吾偶然得北苑巨帧水村画。大千亟爱之，吾即奉赠，大千亦以所心赏之冬正《风雨归舟》为报，此为冬正最精之作。

余第三次至欧洲，前巴黎总领事赵颂南先生赠吾明人画一帧，画一士人持镜照妖，一小孩随其后，画笔精卓，署正斋居士，顾不知究是何人手迹。又有老莲为友人写像，颇神闲意得，近复得黄瘿瓢《持梅老人》，俱人物精品。

鄙藏之最可记者，为唐人画之《八十七神仙卷》，即宣和内府所藏赵孟頫审定之武宗元朝元仙仗之祖本也。此卷后端遭人割去，较武卷后段少一人，但卷前则多一人，共八十七人，故即以名卷。三十一（1942）年夏，在昆明失去，越两年从成都侦还，已为人改头换面，重装，余所盖"悲鸿生命"章，亦被割去，全部考证材料皆失。且幸全卷无恙，已死之心，赖以复活，此卷关系吾国艺术与考证甚大，一因其道教关键，一因白描人物八十七人中写三帝文官甲士金童玉女无

一不妙相庄严，任何古今之人物画均不能匹也。其外，则吾于二十七
（1938）年冬过香港，得张大风扇面一，写一士人折梅，清观绝伦。
又吾于中日大战前两月访张岳军先生，请观其宝石涛通景屏十二幅，
临别蒙先生以童二树荷花见赠，逸气纵横，亦佳品也。

中国美术会第三次展览

　　人人皆期望美术陈列馆于最近期内出现。一般作家，皆将杰作暂时秘藏，留以有待。故此次重要作家，均乏重要出品。盖华侨招待所，虽为首都唯一展览场所，其因陋就简态度，实在高而不明。有人用全国运动会与之相提并论，我颇为呼冤。因美术运动员，皆在摩拳擦掌，可惜英雄无用武之地。倘无张道藩先生，献身党国，将并此希望中之四万元美术陈列馆均无之。因为此类民众高尚娱乐之所，终不若国防重要，所有民脂民膏，均当用诸国防，或者用在那制造国防人才之南北几十个图书馆，二三十个大学，方为不落空。舅子[①]之类，都是如此打算，什么美术，不过是些玩意儿而已。

　　闲话少叙，此次展览会中，建立一项新纪录，即吴作人之大幅《纤夫》是也。吴君顷由欧洲归来，现任教中央大学，其艺雅健敏利，大幅中两个半纤夫，动作自然，作法老练，色调尤娴雅温和，不故为强烈之趣，列宾之作伏尔加之纤夫，是集团生活，吴君此作，乃集团之一部；列宾画中人物，不过华尺一尺三寸左右，吴君画则以人物为

---

① 舅子：四川话，作糊涂人解。

主体，而重舟在望，可知前面正多同样出力之纤夫。此舟不见，正不知有多少纤夫在后也。纤夫在此幅，不能视为如何劳苦，受如何压迫，为之不平，引起社会问题，如列宾之旨趣。此画之精彩，仍在画之本身上，否则必致法国画商派之什么人造自来主义，或如《诗经》中之笙诗，只有题目，没有东西，只可用欺舅子，不能入得识者之眼。

吴君尚有静物两幅，写金属颇见工力，青菜亦佳。吕斯百君之静物，乃在巴黎春季沙龙出过风头，简雅已极，虽夏尔棠何以加焉。孙多慈女士之《木工厂》，明暗适合，结构和谐，轻重相称。写工人生活，民间生活，已为今日责望美术家一致之口号，奈无人肯尝试。孙多慈以一女子而为之，勇气诚可佩。其《李家应女士》幅，轻描淡写，着笔不多，自然雅洁。张安治君之《黑板》，妙尤在儿童画，活泼天真，如何模拟，较之拟北苑，仿云林，难十万倍。张倩英女士之《玄武湖舟子》，色调有力。潘玉良女士之《工人》，绝老练精到。蒋树强君自写，极精，但起人疑，如何写法。胡笳君水彩小幅，写光尚佳。刘金鼎风景，已是成熟作风。后生可畏，焉知来者之不如今也。陈人浩君之《海边》，水色绝佳，大有库尔倍意境，但花瓶皇帝坐当中，乃洋八股，其人不辨上下流，可惜也。又谢天济写《巴黎少女》在马蒂斯之上多，但恐谢君不肯自信，还去拜驴尾教耳。沙耆之《幼童》，作风阔大，亦后起之秀也。

陈树人先生，此次唯有风景，白门柳色，竟是离骚，江上数峰青，颇不切题，因江上数峰青，当不见他物，今壁立千仞一峰之后，乃见数峰青，其青非主也。但画中云天水色，极为流利可爱。赵少昂之《新蝉》，如庾开府之诗，容大块《峨眉选胜》幅，雄古少见，他幅亦工稳，惜染元人习气，将空间写字殆满。彼以画不佳，欲以书重，而容君何取焉，徒毁画而已。张书旂君《菊花》一幅，最佳。王祺委员用色较前兹益为清丽。雪翁陈之佛化名也，其画特多图案意味。许士骐君《老松》，将黄山遮住。汪亚尘之《金鱼》，是拿手好戏。高剑父《菊花》，苍莽之甚。王青芳玄宇子皆有齐白石奇秀之风。章毅然《夹竹桃》，诸闻韵之《竹》，俱有雅韵。颜退者之《台城》尚能依据自然，刻意写出。书法及篆刻精品不多，恐未能引起阅者兴味，兹亦从略。

四十年来北京绘画略述

北京确为五四运动新文化之策源地，而在美术上为最封建、最顽固之堡垒，四十年来，严格言之，颇少足述者；因其于新艺术之开展，殊少关系也。《四十年来之北京》的编者，坚命我执笔叙述，辞不获已，缘为作流水账式之如下报道。

民初在北京负相当画名者，为以译西洋小说著名的林琴南；林写王石谷式之山水，能投一般资产阶级所好，笔墨生涯，颇不寂寞。当时书家有丁佛言，籀法不亚于南方吴昌硕；善草行者为樊樊山、罗瘿公，皆高出其时之画家多多。

民国七年，梁启超、傅增湘等创办国立美术学校，以广东郑锦为之长；郑曾留学于日本，闻其书法一生未变，第一个国立美术学校之建立，即未树有良好风范。先二年，蔡元培长北京大学，六年，在北大内创立画法研究会。吾是年入都，亦蒙约为导师，同事者为陈师曾、贺履之、汤定之、李毅士。吾尔时学尚未足以自立，此一群画家在当时已为北京之选，翌年除悲鸿外，又皆在美校任教。

俄国名画家 Yakovelff 于七年游北京，作画不少，曾举行展览。

时活跃于北京艺坛者尚有金拱北；金善临摹古画，设湖社，弟子亦多。其妹金陶陶女士，善画金鱼；金任职银行界，又能英语，外人多与之游。时能作花鸟者尚有陈半丁、王梦白二人，旋亦任教美校。时齐白石已居京师，尚无赫赫之名。

作山水者有萧屋泉、萧谦中、姚茫父。二萧称内行，茫父样样都来，但未必工。其时师曾名藉甚；实则师曾擅刻印而已，法吴昌硕，故颜其居曰"杂仓室"。画与书略有才气，诗乃世家，以能集诸艺于一身，故为时所重。又有凌直支、周养庵。后者写梅花最为吾友郑振铎所称道。

溥心畬、溥雪斋写山水颇有工力，惜皆少出游。溥心畬不善题画，恒写字于画之中心，二人皆善行草书。

吾于十七年秋间为李石曾约长北京艺校，月余，将艺校改为艺术学院，曾三访齐白石，请教授于中国画系。时白石年六十八，其艺最精卓之时也。

周养庵主办《艺林月刊》，与金拱北之子金潜庵，皆勾结日本人，相攻讦无已。

作宋徽宗式之花卉者有于非闇；花鸟后起之秀为田世光；山水后起之秀曰启功。

在沦陷之前，蒋兆和已以新中国画在故都成名。沦陷期间，蒋曾写大幅《流民图》出陈于太庙，末一日，即受日本人干涉，蒋即携画奔上海，此画今无下落。尔时齐白石闭门谢客，离去教务，亦不卖画。吾于三十五年八月，任职国立北平艺专校长，即推行写实主义于北平，遭到一班顽固分子之激烈反对，但我行我素，聘吴作人、冯法祀、艾中信、李桦、叶浅予、宗其香等为教授。吾在南方行之已二十余年，且已有成绩，此暮气已深之北平美术界，尚始为垂死之挣扎，其冥顽不灵，殊为可怜。迨去年解放，接触到毛主席一九四二年在延安文艺座谈会上讲文艺为工农兵服务，始相顾失色，极起谋改造学习。琉璃厂一班假古董商均关门改业，此封建之艺术堡垒，乃彻底崩倒。今日一切为人民服务，观点咸与维新，绘画只其一端而已。

当今年画与我国古画人物之比较

　　我国因历史悠远，文明早启，但久受专制压迫，思想不得开放；遂养成一种好古的风气，而忽视现实；于是样样想到汉唐，甚至缅怀商周，但不甚究其所以然。考艺术史上文化测量之程度，都以写实的深刻与浅薄为标准；我们称艺术高峰，必举希腊。为什么呢？因为除掉希腊所遗留与我们古典典型的一切武士不说，就是他们虚无缥缈的神话上的人物，亦完全人化，刻画到有血有肉，神情生动；如安波罗，为健壮之美男子，安推娜，为华美之妇人，皆在当时雅典市上可能见到的体态合乎理想实实在在的真人，赋以神名，将它神化而已。我国古训，崇尚俭朴，古时候没有宗教，而我国文化，又发祥于西北平原，少石刻遗迹；欲举我们造型艺术最早出而生动之作品，应推山东武梁祠浮雕中之一图《豫让刺赵襄子》，但亦不过写出驾车之马惊跃而已，豫让与赵襄子两人之神情还是看不出。现在藏在英伦不列颠博物院举世咸知的顾恺之《女史箴》中之《冯妲当熊》一幕，亦尚是初期 Archaisme 情调，倘使现代人画到如此，就算平常；我们目下可能见到的杰作，应推宋代无名氏画的《朱云折槛》图，写朱云要进谏汉王，两个武士力阻之，至于折槛的情形，确实生动传神。至于吴道子当年声名煊赫的壁画，我们既无以窥见考证，想来都是印度中国化的群神，不会高过文艺复兴时代意大利威尼斯派诸子（但可能是极高水准）。至于敦煌壁画能使吾人流连移情之点，尚是当时供养人像；因为荒诞不经的题材，到底难做得出最好文章！又古今称之《清明上河图》，只敷陈一时之社会形态，无中心主题。所以根据这些，中国画在人物方面，成就并不太大。

但写像则不然，故宫博物院所藏宋太祖赵匡胤，这个赤棠色皮肤壮硕汉子，看出是很有权谋的角色；北京张孝彬藏的董其昌陈继儒像，刻画出资产阶级沾沾自喜小有才的人物，如见其人；此外若明代传真，至今留遗的还有不少杰作。惜乎这类善于写像的画家，只能写像，连个全身人都不会；通常是另外请人补足完成的。缺少结合，至于如此！

为人民服务的大前提，是今日一切工作的总方向；就算我们单为改进绘画努力，亦必须针对我们的缺点进攻；我当年曾标榜吴友如、金蟾香（五十年前上海画家，曾刊载作品于当年《点石斋画报》上，多写时事），就是这个缘故；现在文艺须配合政治，共同纲领上所载"启发人民的政治觉悟，鼓励人民的劳动热情"，就是我们的依据。凡是摹写生产模范、战斗英雄等等，某某真人创造某件真的历史，用绘画来表现，实在难过于画出腾云驾雾的东皇太一（《离骚·九歌》），抚孤松而盘桓的陶渊明！所以年画就是最好的形式！每张画要能够在大众中间起一定作用，是件不容易的事！不要看轻它，许多有名的老画家，于此未必称职呢！

全国美协与新华书店此次在中山公园内合办之新年画展，集合去年年底各地区所印刷之年画，共三百余幅，其中以内蒙古、山西两处，比较精彩；前者为尹瘦石同志领导，后者为力群同志领导，大概因地区不大，指导较易，而从业者又不存在思想问题，观点准确；内蒙古年画制作者，为尹瘦石、邢琏、乌思、乌力吉国、宫布扎布、乌勒，作风普遍精严；山西则为力群之《选举》、刘鸿之《新年劳军》、张怀信之《好副业》、田作良之《拥军》，但《李顺达之家》一幅中，牛高仅及人之半，与小驴齐大，此系疏忽；作风普遍质朴，印刷条件，殊不甚好，如力群之《选举》，地与墙皆用净黄色，不如无有。《拥军》亦用黄底，太欠考虑。杭州艺专出品中《打到台湾去》《十月一日阅兵式》，皆大场面，结构复杂，而有条不紊。东北区有佳制，但亦粗制。上海印制精良，惜乎月份牌格调未除，此因迎合一般未受过教育之大众不高之趣味，如有广东戏大好行头，制图者不甚注意生活体验，距离农人真实情况颇远，但此缺点并非不可纠正的。石家庄出品中有古一舟同志《劳动换来光荣》一幅，以技法论可以达到我国古代好的人物画家水准；单线平涂，前后仅钩线，用墨的深浅，加以区别，就能看出距离及重点所在，这是极高明的办法。精美之木刻，既显得高雅，而又独运匠心，区别数种蓝色，便不同他处石印石彩之单调；鄙意以为表现中国之现阶段农村朴素生活，单线平涂的画法，用精美的水板套色印出，实为最美满的形式。比如古一舟同志这幅年画，陈列世界任何美术馆中，毫无愧色（拿他与杨传、阎立本帝王像比较，此幅显然进步）。此外个别之佳作有莫朴的《斗争地主》，因印刷不好而减色；邓澍的《欢迎苏联朋友》、顾群的《十月一日》、李琦的《拖拉机》（华君武同志极赞赏这幅，以为可用作提高示范），以及金浪、张仃、吴为、黄均、姜燕、墨浪、陈缘督、冯真都有良好表现，可以说胜利完成他们的任务。尚有王式晖同志《河伯娶妇》十六幅，此乃古典形式之赋有生命者。其中在技法上存在着小小缺点，如铁生所制之《军民一家》，在人物上加上阴影，又不精确，收不到立体感的效果，既不科学化，反失掉了民族形式，这在年画上是可以讨论的。湖北武昌出品，王宝宙同志的《六畜兴旺》对于动物形态结构，研究不够，离古人水准还嫌不足，勿论推进一步了。上海出品中《城乡互助内外交流》热情洋溢，布局甚好，可惜人物手臂前段都错。又如《发展副业冬季伐木》幅中砍树者，完全抄袭瑞士 Hodler《养个胖娃娃》幅，抱儿女子完全仿拉斐尔，生吞活剥，不足为训。冯慧清之《庆祝中央人民政府成立》所写工农兵衣服线条，全不中绳，此虽细节，但太轻视法则与中国遗产；又过半数年画对于毛主席像，未能逼真。

尚有《生产计划》一幅，人物与牛作法技巧甚熟练；及《摘棉花》一幅，极有装饰趣味，皆不得其名。

我于此有一建议，拟请政府文化部艺术局，精选年画佳幅，请原作者以原稿写成较大之合式尺寸画幅；参加每年举行之全国美展绘画部门，由政府择最佳者收购，永久陈列于将来国立之美术馆，成为一代文献；此可起鼓舞作用，亦可指明国画之用，为奖励之一法（这是最有效地提高现有国画的办法）。亦可指明国画之用，不限于年画一种了。

如果以此次年画展中好的作者，与当年伺候皇帝老子的那些内廷供奉比较，实在高明多了（比如清代的金廷标），可见为人民服务，需要更好的画家；以历史来说，还不是进步么？这不过其开端而已，其前途可限量么？

用写像传神构图生动加上内容充实的年画形式，来追上一般的古人成绩（不说笔墨），不必太长时间，就能做到。有一天年画展览会中，像古一舟这样的作品，达到百分之五十时，中国美术中兴，便可能是超唐轶宋的时代了。

有人以为我赞扬古一舟同志太过（因为不能说古一舟便登峰造极，不必再求进步），况且听说古同志尚在年轻，其实我们正在改造年画，必须鼓励其中优秀作者，以示范！倘一定要吹毛求疵，也可以批评古同志这幅画面部表情不十分充分，但我衷心要对此作者称贺的。

新国画建立之步骤

近日有北平美术会者发传单攻击敝人，本系胡闹，原可不计，唯其所举艺专事实全属不确，淆惑社会听闻，不能不辩。

传单所举本校此次招生，国画组仅取五人，实则此次录取国画系学生系十三人，超过其所举之数一倍多。此固非为满足名额，全凭成绩，倘成绩不佳，或竟一人不取。

本校去年重办，定为五年制。国画、西画、雕塑、图案在第一、二年共同修习素描，第三年分班。已呈准教育部在案。传单所举三年素描，显非事实。仅举两点，已均为无的放矢。

此在一糊涂孩子偶欲发泄稚气，心血来潮，发一传单，骂所不痛快之人，情亦可谅；但为一堂堂学术团体，不先将事实调查清楚，贸贸然乱发传单，至少可谓不知自重，自贬身份。

至攻击不佞为浅陋，此固无足怪。但不佞虽浅陋，中国历史上之画家我所恭敬的王维、吴道子、曹霸不可得见外，至少曾知周昉、周文矩、荆浩、董源、范宽、李成、黄筌、黄居寀、易元吉、崔白、米元章、宋徽宗、夏圭、沈周、仇卜洲、陈老莲、石谿、石涛、金冬心、任伯年、吴友如等人，彼等作品之伟大，因知如何师法造化，却瞧不起董其昌、王石谷等乡愿八股式滥调子的作品。唯举董王为神圣之辈，其十足土气，乃为可笑耳。

故都不少特立独行之士，设帐授徒，数见不鲜，相从问道者所在多有，此固足以辅佐学校教育之不足。至于国画，仅为艺专中学科之一部。征诸国家之需要与学生之志愿，皆愿摹写人民生活，无一人愿意模仿古人作品为自足者。故欲达成此项志愿与目的，仅反年学程，倘不善为利用，诚属重大错误。两年极严格之素描仅能达到观察描写造物之静态，而捕捉其动态，尚须以积久之功力，方克完成。此三年专科中，须学到十种动物、十种翎毛、十种花卉、十种树木以及界画。使一好学深思之士，具有中人以上察赋，则出学校，定可自觅途径，知所努力，而应付方圆曲直万象之工具已备，对任何人物、风景、动植物及建筑不感束手。新中国画至少人物必具神情，山水须辨地域，而宗派门户，则在其次也。所谓物有本末，事有终始，知所先后者，理宜如是也。

素描为一切造型艺术之基础，但草草了事，仍无功效，必须朽十分严格之训练，积稿千百纸方能达到心、手相应之用。在二十年前，中国罕能有象物极精之素描家，中国绘画之进步，乃二十年以来之事。故建立新中国画，既非改良，亦非中西合璧，仅直接师法造化而已。但所谓造化为师者，非一空言，即能兑现，而诬注重素描便会像郎世宁或日本画者，乃是一套模仿古人之成见。试看新兴作家如不佞及叶浅予、宗其香、蒋兆和等诸人之作，便可征此中成见之谬误，并感觉到中国画可开展之途径甚多，有待于豪杰之士发扬光大，中国之艺术应是如此。读万卷书，行万里路，或为一艺术家之需要。尊重先民之精神固善，但不需要乞灵于先民之骸骨也。

域外画谈

法国之美术展览会种种

　　欧洲文化昌旺，社会平治，民族既启，艺事乃隆。而文物荟萃，领袖美术者，首推法京巴黎。人民嗜尚弥笃，而政府奖劝亦殷。故能作家辈出，区分黑白，而视瞻所系、历世罔替者，厥为各种展览会。兹溯其源，并述其大概如次。

　　法国最高学术机关为学府。Institut de France（其址在巴黎中心塞纳河上）集学术界各类之哲人组成之，分部凡五：曰法国文学会，曰考古学会，曰科学会，曰美术学会，曰道德政治学会。除科学会有会员八十人外，四会各有会员四十人，凡著作等身之人物，俟会有缺额时（即会员病故），得呈其名于学府候补，由各该会会员决选之。所谓不朽之人 Immortol 者也。美术学会会员四十人中，有画师十四，雕塑师八，乐师八，建筑师四，镌师（Gravur）四。固有大师之未入会者，要其会员，俱须发皤白。一时之彦，负全部学术使命者也。

　　国家各类学术之主持，类不出此二百四十老翁，政府任执行而已。国家主开之正式展览会，简称曰沙龙 Salon。沙龙实法国艺人会 Société des artistes Francais，会开于五月一日，至六月三十日止，亘两月，入选最严格。凡法国与非法国具典型之作家，悉出品于此，庄整盛大，陈物约四五千（如德美术中心门兴城美展及英国皇家画会等亦甚精严丰富，且不足与比拟，日本帝展无论矣）。与之抗衡者，曰国家美术会。Société nationale des Beaux-Arts 成立于一九〇〇年，盖达仰（Dagnan）、夏凡（Punis de Chvannes）、罗丹（Rodin）、倍难尔（Besnara）、莱而米特（Lhesmitte）、梅叙念（Meisoonier）等二十位美术大师，鉴于当时法国艺人会太馆阁气，而起为革新之运动者也。顾诸人中多学府会员，而如吕襄、西蒙、梅难尔、福朗（今此会会长）等，今皆为学府会员，皆陈列于此。两会开恒同时同地，巍然并峙。

国人在此二会曾出品者，有方君璧女士、江新、颜文樑、司徒乔等诸君。

法国尚自由，其国之学术组织，井然有条，其人民知识亦高，故一切均得自由运动，冀迪新知。故秋季、冬季、独立党三展览会，规模亦不小。其中虽不乏佳制，要皆怪诞不经，贻人笑柄，足资谈噱者也。

秋季展览会，Salor Automne 主持者，为一建筑师，立志新奇，不主偏守，所选作品，多前两会所不录者。又日本画家嗣治者，以黑线描于白布，作不伦不类人物，谓为东方美术，广事宣传，其名大噪，亦被秋季展览会延为审查委员，已四五年以来矣。而吾国特派考察世界美术之环球第一、盖世无双某大画家，近以其大作入选，自诩为国家无上光荣，开新纪元，惊天动地，却未悉在此会屡次出品，并售去其作者，尚有蜀人常玉，彼初未尝以为奇也。盖世无双，又不待请过夜饭，丐人为誉，有横行文字传赞凭据以后，亟自宣之于众。小器易盈，难事易悦。且不恤颠倒是非黑白，诬沙龙为迂谬，指中正之艺为匠工，惑人听闻。夫采风问俗，例不执成见之私（阅今年颜文樑君在沙龙获奖盖世无双也）。况秉国家之命，观光学术，不事实际灌输，而一味自吹法螺。夫觍颜屈节，以杰作受嗣治等一类作家审查以为荣矣。当何环球第一盖世无双之有。噫嘻，可谓惨事，令人齿冷。何不以其大作，托高公使径送法国博物院，以邀誉于无穷，而为此欺人之恶意宣传耶？

冬季展览会者，其中所陈，颇难形容，今述一事，可见一斑。三年前，有美人某甲，写一三丈大幅陈诸会，画作硕大无朋之烟突三，大红淡青底，信乎洋洋之观也。记者某询其旨，某甲曰："吾原非画家，不过吾适由美坐船航大西洋时，恒见此蠢吾前，因为之耳。"至独立党展览会中物，诸君只须回忆元庆之作品，可概其余，要去驴尾笔意所不远也。

尚有最时髦之展览会，曰 Salon de Tuileries，以初次在 Tuileries 公园开幕报名。主持者，为脱离国家美术会之倍难尔（今日世界最大画家，巴黎美术学校校长，年八十矣）。如雕塑师 Bourdelle、画家安茫象（Amen Jean）、西蒙（Lucien Simon）、罗郎史（Laurens）兄弟、梅难尔（Menard），以及新疯狗派马蒂斯（Matisse）、勃纳尔（Bonnard）等均参加。光怪陆离，备有新旧。其会以柬聘出品，不能送物受审查参加，亦是别致。

至个人展览会，每日同时举行者，至少有八九十处。其最著者，曰 George Petiti Bernheim、曰 Allar、曰 Charpentier 等家。各人皆以巨金赁此中一室，或数室，陈己作，张广告于通衢，延名人为文赞誉，尽量宣传，求名牟利。甚者又延美术次长来开幕，运动国家购物，腐败情况，亦所不免。盖艺人众多，生存竞争日烈，其术殆不免出此。今其法已越重洋至日本，由日本转道而来矣。苦吾国可欺以方之君子，不知上当几许。要于真艺无关，而适足阻要来。鄙人觉此不尽合乎革命，遂不能已于言。

以往之许多可鄙洋人来游中国，不识中国字，不见一上等中国人，而归去作论批评中国，吾人亦既恨之深矣。无端某君乃为此，同样卑劣，复不闻"己所不欲勿施于人"耶？

米开朗琪罗作品之回忆

抗战九年，书籍散失，每欲论述，辄无参考。兹欲一述巨人米开朗琪罗作品，亦只凭当日感想追忆而已。

《摩西》

文艺复兴时代，有三位大师，皆制超人作品：一为米之前辈雕刻家多纳太罗所刻之《圣强斯》；一为日耳曼巨人丢勒所绘之《四使徒》；一为米开朗琪罗所刻之《摩西》。而《摩西》一刻尤为高超雄壮，能概括此古犹太巨人在教乘所记载之生平而理想化之。当年古希腊时代所艳称世界七大奇之一菲狄亚斯所刻之天主，吾人已无从想象，后乎此者，世界最高超之作品，无疑，吾必以此《摩西》当之。此作原为世家梅第西出身为教皇罗朗饰摹之用者，尚有《奴隶》置于其旁。今四奴之二已刻成，藏于意大利米开朗琪罗故乡佛罗伦萨国家博物院，而《摩西》则藏于罗马芬各里之圣保罗教堂。此像有惊心魄之观，真气远出，几乎不能逼视。高妙陷入扮演格调则危险，而此刻只觉神情与动作，俱入乎艺术之理想界，可称艺术上之大奇最高峰

（而大理石亦匀洁如无瑕之白玉，真是应当顶礼之品也）。其四《奴隶》亦表现悲壮之神情、动作，即未完成者已是杰作，卢浮宫藏尤为法国国宝之二，极为珍贵。

《十字架卸下之基督》

此刻藏于梵蒂冈圣保罗之大教堂中，基督置于圣母之膝头。圣母仪容肃穆，基督之尸体极为简约华贵。盖米开朗琪罗精解剖，故能得此，弛而不张。此人体传出华贵之姿，使人感动，在此类题材中可谓至善尽美。

《大卫》

此像今藏佛罗伦萨国家博物院，为巨像，高大逾真人一倍，极为雄壮精妙，神情敏锐，传出其能决巨魔之力，动作自然，作法尤简练。

其外，若罗朗之象征坐像，与棺上之横卧象征昼夜之刻，以及其国藏之《圣母与圣婴》，皆精卓之品。

米开朗琪罗虽负全能之天才（雕刻家、画家、建筑家、诗家），但自承为雕刻家，其作画之题名，恒自署曰雕刻家米开朗琪罗，但其画品，实卓越坚强，不可一世。如梵蒂冈西斯廷教堂之屋顶，全部壁画，可谓绘画上之大奇。盖将此大及一亩之面积，划为九大图，摹写圣经所叙最重大故事，旁写众人物。即吾人欲仰首详加观览，已是不易，况其工作于此六年。倘非天生成之魄力，谁能为此，且复为之至于如此高妙之境界乎？

米开朗琪罗之画，全以人体为应用工具，发挥至于极致：如《天主之造日》《天主之造人》《亚当夏娃之取食禁果》与《被逐出天堂》等幅，皆简约高妙。所写天主皆具全能，而怀无上威力之神情，色彩清丽而高古，不同凡响。即此西斯廷全部屋顶壁画，已足使米开朗琪罗成为艺术史上巨人，况数年后又写《最后的审判》。此作品可谓世界最大壁画之一，大约高五丈，宽三丈余（最大壁画为丁托列托在威尼斯公宫大殿上所写之《天堂》，幅宽约十丈）。且又有雕刻之本行在，而且如此多量成功乎！其为三巨人，无可疑者。

米写西斯廷壁画后，闻变成仰视之习惯，看物皆须举起，其被命写西斯廷正座《最后的审判》，已六十余岁。此画盖将人体可能有之动作皆用尽。其写基督，亦如壮健之武士。其地狱部门有如巨人之搏斗，极雄壮之观。此作为世界最大之画，占西斯廷堂之正座全面墙壁，大约有八丈高，六丈多宽。信乎！不可思议之巨制也。

米开朗琪罗写可悬挂之油画尚有两幅：一为圆幅《圣母与耶稣圣婴》，藏佛罗伦萨；一为《耶稣下葬》，未完成，藏英伦国家画院。

米开朗琪罗享年八十九，其天才与精力俱是超人，适逢文艺复兴时会，得尽量发挥其才能，所作又几乎全部保存至于后世，诚可谓天之骄子。其画全以突出人之肌肉，表现人生之奋斗、希望、艰苦、光明等，抽象意识坚强而明朗，诚为造型艺术之代表人。唯学之者，多犷悍不通人情，无其内蕴热烈之情操，纵袭其强大之面貌，未有不失败者。以伟大之思想家而论，中国有孔子，印度有释迦；以功业而论，希腊有亚历山大，中国有汉武帝；唯米开朗琪罗乃文化史上独一无二之人物。在前有菲狄亚斯，惜作品不可得见，而后实无来者也。

安格尔的素描

Le dessin est la probité de l'art. 素描者，艺之操也。此安格尔不朽之名言也。夫人之有为，必有所守。操者，即所谓贞操。今日衰落之中国，不惟无其语，并早已忘字典上之有此字，幸借曹操大名，举尚能识而已。是安格尔不朽之语，焉冀其索解于黄帝子孙繁衍之土哉。安之描即独绝千古，其绘则不为人所喜，因彼所着意处，在象而不在色，故际世人方厌冷涩之古典主义，而作浪漫主义运动之候，对之有倦乏之容，若久餍膏粱者，犹饷以大块肥肉，望之即不下咽也。顾其绘，实华妙庄严，远非德拉克洛瓦后期散漫之作可比（德为安毕生反对党，色最富丽，其佳幅若《但丁和维基尔在地狱》《希阿岛的屠杀》《同徐王之覆舟》《北非阿拉伯之妇人》《两虎》等，均坚强之杰作，其余八九百幅，均不足观）。吾友沈旭庵，酷好音乐，尊贝多芬为师，而称瓦格纳为师兄。德拉克洛瓦于绘，直是雄强之瓦格纳，顾安格尔之绘，却不足颉颃贝之交响乐，其描则似较贝之奏鸣曲为美，允可称之为师。岂至吾方师之，彼倡印象主义之德加早师之矣。若除人造自来派丑角作者以外，盖莫不师之也。

此幅吾在巴黎塞纳路某画肆中发现，为安早年居罗马时画稿，索价不昂（安之素描人像七八方寸一纸动辄五六万法郎），时吾最穷，不克自致，因劝旭庵购之。中国之有安格尔画，此为纪元，兹以表诸世，特志其崖略如此。

印度美术中之大奇

吾于印度美术，初不感兴趣者也。吾亦不自知其所以然，或者为吾心之反动，致有是主观。要之吾审美观念与之异趣，则自生而然者，无或疑也。故在东方之佛教艺术，日本、缅甸无论矣，暹罗吾未到，其塑像也无非"公哉"（画中确有佳作）。虽吾中国，中古，其造型艺术舍建筑外，其发展之程度殆凌驾印度本土而上之。遗迹之存于今日者，若岩洞石刊与墓志造像等等。其影响，吾俱等闲视之，因其所制人物悉公哉也。希腊在两千五百年前已不写公哉，其智慧之超越其他民族，不綦远乎？吾于印度一切，初未尝研究，因印度一切重内而轻外。贵心而贱物，未尝不佳，特吾所知于艺术者，须对于色象有灵感，有真觉，显其外。所以，形其内者乖戾。凡欲先秉承简册，而后了解之艺术，皆吾所深恶痛绝者也。夫老僧入定，神游天外，当不止十年八年之历，而其事与艺术无关。今欲使人耗精力，糜光阴，而探公哉之秘，世固有人为之，特非吾所尚也。然夐绝百代，高超无伦之艺事，因不待乎假设，多所依据其线、其形、其轮廓，达到中庸则圣也。于是乎，出神也。于是乎，附而众生之灵，爽归之。于是，此木石绢素之灵，亘万代，遍大宇，永久不灭，是至人德之极也，亦艺事之至也。

廿八年冬，吾方第一次得见印度艺术之美，乃加尔各答博物院入门处二千三百年前 Asaka（阿扎卡）时代一石牛，简约华妙，不愧埃及名作，足以代表印度极盛时代之伟大精神。同院藏公哉不可胜数，久遂寂然无所见。翌年之秋，乃偕丘君庆昌等，为印度西北之游。曾稍准备，按图索骥而观之。至于 Ellona（埃洛拉），真洋洋大观也。开拉雪庙左外壁上之西梵天王伉俪高刊，殆为东方最妙丽之合像。惜不能致一影片。其负重之群像，变化生动，亦是伟构。此庙奇丽，世界第一，不负一百五十年凿山之功。

印度人凿石，有如中国人吸鸦片烟之舒适，矫揉造作，不当一回事。其镂刊之也，如划豆腐，无不如意。大概上帝先做软石，俟人雕镂成功，再使之坚硬，与其诡制风化石捉弄中国、西南夷者相反。否则，印度广产昆吾钢，资工使用，削铁如泥。夫一国家，遭一强暴外族侵凌，此外族者尤仇视宗教，烧毁袭击其寺，无所不用其极。一次君临，亘三百年，而今日所遗，尚有如许量外观高大宏丽，细视纤巧精好之庙，布于印度东西南北者，以千万计。何其人之好事至于此极耶！抑尽印度三百年前之人俱为石工乎？

印度为东方建筑代表地，已使人目为之眩，顾仅此情绪，吾心亦未为所满足也。果也：其数千万无名英雄中，有人而刊像庙西梵、未息帑三面巨像者。此像舍弃公哉而开始为印度巨人。其创世界、保持世界与毁灭世界者，似乎其人真有此力量。其渲染之简，线之清而精到，尤于神情之表现，尽量充分。其繁碎部分能融和，恰到好处。吾乍见之所激起之惊叹情绪，与当年之见丢勒之《使徒》、多那太罗之《圣约翰》、米开朗琪罗之《摩西》全同。而此刊之体积如此，周围环境如此，美哉！飞第亚史之黄金、象牙塑制之《雅典娜》

与《上帝》巨像，未知果何若也。今世所存千载前之伟观，殆未有加乎此者也。既美矣，又尽善也。吾徘徊竟日，往来考览，欢喜赞叹，不能自已。

悼泰戈尔先生并论及绘画

世固有超乎生死之观者，若洛平特拉南泰戈尔先生，应无所谓生死也。其藏也，则景风翔，庆云浮，蜚英声，腾茂实；其行也，如凤凰来仪，采羽纷披，翱翔于数千万人欢欣鼓舞之上，祥光瑞气，和乐雍雍。今者疾风海立，迅雷崩山，凄厉锐声，天昏地黑，以此而象征先生之死者，于人心，于吾心，宁能漠然无所区别耶？固不必亲炙其教，或曾食其德与身沐其泽者，始呜咽悲哽也。先生慈祥恺悌温良和善之音容笑貌，如仙露醇醪春风朗月之陶醉人者，从此寂灭，不可再见，必欲人群呼吸呻吟于此惊涛骇浪或烽火毒氛之下。呜呼，帝之仁慈，何遽不若一血气者之所为故？匪有亿兆人民、恭献香花，五体投地，而祈祷乎？而哀吁乎？何所赐予之相违耶？

天地之中央有天柱，云霞绕之，金光灿烂，放其清流，洋溢中土，滋民以生；亘乎万代，钟其灵秀，粤诞哲人；奋其逸响，而歌宇宙万众之爱，而制从容中道之礼，而为雄深高妙之文，而写博采异章之尽，自然而顺乎人心，而合乎造化，使离娄悔其明，公输悲其巧，莘莘学子，趋向有方，芸芸众生，各安其所，鸢飞鱼跃，神人以和。呜呼，太平盛世，固无待圣人也，圣人必应运降于衰世，而其道之宏，其泽之广，其风之远，其德之永，将与天地同寿，与日月齐光。呜呼，若洛平特拉南泰戈尔先生，又为能死乎？

故至诚无息，不息则久，久则征，征则悠远，悠远则博厚，博厚则高明。

博厚所以载物也，高明所以覆物也，悠久所以成物也；博厚配地，高明配天，悠久无疆。

泰戈尔翁行年六十余，始治绘事，及八十岁时，凡成画两千余幅，巴黎、伦敦、莫斯科皆曾展览之，脍炙人口，不亚于其诗（闻翁之盆敢利文诗，尤美过英文诗，近代盆敢利语，实翁为之改进者），因诗尚有文字之扞格不能读者，若画则为人类公共语言，有目共赏也。二十九年十一月，余向翁辞行，欲返南洋时，翁病初愈，僵于卧椅，郑重谓余曰：汝行前，必须为吾选画。于是吾与囊答拉·波司先生（国际大学美术学院院长），箕踞其厅事，整两日，将其各类作品，细检一通，得精品三百余幅，最精者七十幅，将由"国大"出版，故得而论之。

翁为印度当代最大作曲家之一，有歌曲三千余首，凡印度识字之人，未有不能歌翁之歌曲者。翁一生时间，大半沐浴于大自然之中，与日月星辰、山川草木、鸟兽鱼虫、奇花异卉相习，具有美之机心，而与自然同化。翁之侄安庞宁少翁六岁，为今日印度画坛之元首，而被尊为印度近代绘画之父者也，人得其片纸，视同珍奇。国际大学，收藏极伙，举凡昔蒙古朝时名作，及并世投赠翁之杰作，数量甚富。翁又涉历全世界，欣赏绘事。但翁作画，则全以神行，恒由己出，妙绪纷披，奇情洋溢，无利害得失之见，故远于毁誉之担心，不兴工拙之操算。

施于陶瓷之绘，或美石组成之摩色画、波斯良工织就之毡，均能启其奇思。所用作具，无论中国或日本制之纸墨，或西洋画师用之水彩色粉铅笔条或油色，其重叠堆积，各色杂糅，毫无顾忌，彼所需者，为合于心量轻重之色泽，其材料之如何调和，不获措意也。其兴也，若因风动念，忽见一马，后有牛，便可连串，或忆鳄鱼。而骆驼经其前、戴胜复降于旁者，则斑驳离奇，允称盛会。其人既据平等而观，又施赤心而爱，一视同仁，无暇区别。人与蛇相处，既无所不可，而柳生于肘，亦事属可信，朝霞贻之辉，繁星寄其响，其浩然之气，运行激射于上下四方古往今来者，既不可捉摸，往往于沉吟之际，咏叹之余，借片纸申之。或支一直鼻为墙，或放其美髯为泉，或折螳螂之股为堤，或据巨灵之膝为堡垒，或从钢筋三合土上，栽干忒莱亚兰花，或就处子云鬟，架起机关枪炮，飞西瓜于逆旅，送琼浆与劳工，假寝床于巨蚌，夺梅妃之幽香，食灵芝之鲜，吻河马之口，绝壑缀群玉之采，茂林开一线之天，利水汹之积，幻为群鸿戏海；连涂改之稿，演出恐龙之崩山，凡此诡异变化，不必严合不佞荒唐之辞。唯翁智慧之休息，仍余情袅袅清音闪晔，遂觉于歌尚欲求工，东坡未泯迹象。顾翁之游戏，初未尝背乎自然，而复非帝定之矩矱者，如法德近三十年来之鄙夫，工为机器制成之石斧，而卖弄玄虚，争利于市，借口摆脱一切形式束缚者，其天真与作伪之距离，诚有霄壤之别也。

在中国科举时代，极多思虑不精，为资颇陋，所见不广，托兴不高之文人，好弄翰墨，号曰写意。夫画能写意，岂不大佳？顾此辈痌瘝所求，不过油腔滑调，饰言奇笔，实乏豪情，妄欲与作家（匠工）争一日之长，以自鸣其雅，致文与可、倪云林、徐文长、金冬心等蒙不白之冤。其托庇之不肖，惯于班门弄斧，并全昧之龟手药之用，抑何可怜也。千古王维，能多遇乎？吾恐泰戈尔翁日后被人倚为口舌，爰不惮词费，于文后赘之。

文艺复兴远祖乔托传

乔托（Giotto di Bondone）者，意大利十四世纪初期佛罗伦萨之天才画师，美术史上巨人之一也。一二六七年生于佛罗伦萨附近之威斯比亚诺，卒于一三三七年一月八日。因其名重一时，故有种种传说，附会其一生事迹（如吾国吴道子、苏东坡然）。其同时记载之可信者，唯确指佛罗伦萨新圣玛利寺之耶稣钉于十字架上一幅及罗马圣保罗教寺一摩色画，题曰《渡》者，为其真迹。至十五世纪著名雕刊家季培尔底方以多种作品，推为其手笔（因十七世纪前人作画雕多不署款）。其中属实者固多，亦有不可尽信者。故至十九世纪终了，凡十五世纪以前重要之画，书举如下，并以先后，为次序焉。在佛罗伦萨巴底亚寺堂，有其《受胎告知》图，今毁。在阿西西之圣方济寺，有多量之壁画，如《访问》《耶稣受刑》《马特兰之通神》《拉惹之复活》及圣方济事迹多幅。

自一二九八年至一三〇〇年之际，乔托以教皇卜尼法斯第八之命来罗马，声名大震，从此往来于王公之间。前所述圣保罗寺之摩色画《渡》，即其时作也。图作一舟，在波涛汹涌之海中，舟上诸使徒惊惶失措，耶稣则接引圣保罗，以登彼岸。但吾人今日所见，亦几经修理，非尽本来面目矣。

一三〇二年之际，乔托绘波德斯塔（今日之国家博物院）壁画，实其生平杰作也。借以年久，漫漶黯淡。所见在隐约之间者，尚有渔妇之面貌及一部分人像。尤为人注意者，则大诗人但丁，尚在壁上涌现也。图一面为天堂，一面地狱。又叙埃及之马利亚，抹大拉之爱与悔。乔一生尽数写之者，皆有特殊之神态（此作殆非一气完成者）。

自一三〇三年至一三〇六年，乔托饰帕多瓦之阿累那圣母寺，其奇好之《降生》《牧之之膜拜》《庙会》，与夫耶稣圣迹，而殿以《最后的审判》，写以数列，最佳者为《约翰与安娜金门之会》。又《犹大之吻》《耶稣之钉于十字架上》，皆表情真率充分，为昔所无。

其旅居于拉文纳，人乐道乔托会见但丁之处。居里米尼、卢戈、米兰、佛罗伦萨，其期今俱不能知。

在佛罗伦萨圣克罗斯教堂，乔作方济事迹多幅，皆于一八五三年在石灰中发掘出者。俱勾勒精确，且具图案之美，足征作者进步。据季培尔底言，尚有数壁为乔所绘，今唯于入门处门下，存依稀之残迹而已。

一三三〇年至一三三三年之际，乔被延至那不勒斯，饰画圣齐亚拉教堂，今无遗迹。一三三四年乔被命为佛罗伦萨新建大教寺圣拉巴拉法（即今日之 Santa Maria del Fiore）之总理。乔自设计其钟楼。一三三七年一月八日卒，年七十岁。继为此寺一切图饰之业者，为比萨诺、塔朗托、德拉洛比亚、多纳太罗等。

乔始计划至钟楼上端，作浮雕，雕人类诞生及文明演进之图，盖已描成稿本，故后日佛罗伦萨派雕刊，仰其风流余韵，产如许杰作也。故乔亦为雕刊家及建筑家，全能之天才也。以是传统，方产文艺复兴诸大家。

乔为继往开来之巨人。自乔托起欧洲文艺，始弃东方拜占庭派之影响而自立，表现哥特精神，而建立自然主义。故近世艺术，祖述之焉。其写人动作姿态，极为自然，人身明暗之渲染精到，古所未见。其构图精雅，益以其深邃之思想，故其作品，匪特宗教精神之表现，实人类灵魂最颤动之呼声也。

自乔托起，佛罗伦萨派，遂卓然树立，不复压伏于比萨派之下，而为他日昌盛之先声。

法国大壁画家薄特理传

世界古今大建筑，自埃及以来，除中古时代故为神秘之哥特教寺以外（但有花玻璃画圣迹），未有不饰以壁画者，虽吾中国亦然。唯最近之二十四年以来，此民族方自认为没长进而退化之部落，徒知挥霍民脂民膏，不敢步武文明伟迹，唯建白壁大厦，敷衍了事，死不争气，无可如何。欧洲大画家，上古如波利格诺托斯、阿佩莱斯，中古如乔托，文艺复兴如马萨乔、格列柯、达·芬奇、米开朗琪罗、拉斐尔、弗朗切斯卡、哥佐利、柯雷乔、委罗奈斯、丁托列托等，皆具磅礴之气、高迈之才、广博之艺、精深之学。用能举重若轻，创造杰作，发扬文化，彰其功能。若仅如吾国文人画梅、兰、竹、菊，及法国画商派死鱼香蕉，而欲令乔托与但丁相提并论，与文艺复兴之伟业，岂可得哉！以法国画家而论，最伟大者，无过壁画家夏凡纳、薄特理，实其先进。而薄之架上油画过于夏凡纳，且为大写像画家之一，故先为国人介绍。保尔·薄特理生于法拉罗什省（一八二八年十一月七日），其家世业工艺美术。有兄弟姊妹十三人，薄第三。少时，其父曾令之学音乐、奏提琴，忽转趋向于素描。其时薄与数兵士为友，屡屡写之，或速写，或素描，或以色绘。一日，集而陈列于其县政府之展览会中，大为人所惊动注意。于是有一素描教授萨托利先生者注意，夸奖之，并告其须赴巴黎美术学校，益精其业。县长莫罗先生，在县参议会提议，资助此少年有才之薄特理补助费，年五百法郎。通过。县之善者，复以为太寡，又增益三百六十。一八四八年，薄特理至巴黎，入德洛林之画室。一八五〇年，薄遂得罗马大奖，竞试第一名及第。其题为《阿拉克斯河上寻得兹诺比之尸》。

薄在罗马每年寄回之杰作甚多，但皆染意大利古代大家作风，其个性尚不全具。如：《雅各布之挣扎》、《富贵与爱神》（一八五七年）、《一信奉灶神女之请求》（一八五五年）等等，可谓均为重要之作。顾薄后日轻盈高逸之趣，尚未发现。

一八五三年薄自意归国，意向多在裸体及写像一途，其作品如《勒达》《抹大拉》(南特博物院)《维纳斯之晨妆》(波尔多博物院)《珠潮》等等，皆极妙丽。虽有时觉其过于注重部分，但在意大利古画上之赭色，已不再见。尤在其《维纳斯之晨妆》幅中，定其后日理想中雅艳人物。一八六一年，薄写《夏洛特·科尔代》历史之图（今藏南特博物院），富有热烈悲壮之情，乃薄唯一之历史画。可见此壁画名家，未尝不具真实近情之笔法，特其性非笃好之耳。

薄既少兴趣于历史，故亦不从此下力。顾其磐磐大才须有所发，乃转其情于壁画。向者已为吉尤姆家中绘四时节序造其端。一八五七年，又为纳塔亚克家中绘两图，又为加利拉家中绘意大利大都会罗马、极诺凡、威尼斯、佛罗伦萨、那不勒斯，一八六三年又为法国著名织画所戈伯兰写五行及四序，一八六四年惜于第三次革命之际焚毁一部，均脍炙人口。逮巴黎大歌剧音乐院建造，大建筑师加尼叶建议，请至绘剧院壁画。加尼叶初尚欲任另一画家分绘一部，终委其全责于薄特理。本定酬金十二万法郎，薄既绘全部，工作十年，亦未索其补足之费，故有人谓其材料之费即当有此数也。

薄自膺此重命，孜孜不懈。更作意大利之行，研究古代一切壁画。临米开朗琪罗之在西斯廷教寺者多幅，复潜心柯雷乔之作，又赴英国观览拉斐尔之教皇宫织画原稿，用为揣摩。准备数年，然后从事。

薄特里即自闭于歌剧院圆顶处之一大室内。四面通风，稍不留心，即致疾病。薄身衣暖袄，夜里睡眠于是室之一角，昧爽即起而工作。计全部壁画凡天花板三，环门十二，门角十，壁画八，合计凡五百立方公尺，可谓宏巨惊人之工作。以量而论，为法国古今第一宏巨壁画；以质而论，亦近代最华妙典丽之油绘也。此工作曾被阻于一八七〇年普法之战。薄爱国激切，投义勇军，参与军役，在巴黎附近作战。至一八七四年工作完成，薄劳瘁几毙，休养于旅店中，断绝宾客。其全部壁画，未置放屋顶及墙壁之前，曾先展览于国立美术学校中。两月，获入门费三万四千法郎。薄乃以此数大部捐入美术家救济会。因避赞美者之纷扰至于远奔埃及，可谓盛矣。

及美术次长什纳维埃尔侯爵，以国家之命，请薄特理为巴黎万神庙昭忠祠作壁画也，薄复兴奋。盖其题乃历史上捍卫国家之女圣贞德圣迹，大可显其爱国精神与史家想象。而以神秘及象征之艺术，光大其谟烈也。一八七七年薄致书大建筑家卡尼叶，曰："吾集全力，以赴此女圣纪功之作。天其佑吾，令吾艺能及其崇高之德也。"薄计拟作六幅：《贞德女圣聆天命》《王会于西农》《胜利》《入狱》《被刑》《凯旋行分》。薄性最真实，遇此史题，乃日日搜求一切服饰、衣冠、兵车、甲胄。惜此图终未写成（此图后为其同学勒纳沃所作）。薄又为法院写一壁画，题为《法之胜利》，绝庄严典丽，陈于一八八一年沙龙，得荣誉奖章。一八八二年为纽约柯纳吕斯·旺德拜特宫绘壁画，题为《女神之婚宴》。又《圣于培之晤神女》《神逸》，皆为巴黎近郊香底伊宫所绘者也。

薄患心病，赴枫丹白露休养，国家以王宫内猎神阁与之居。其友欧仁·吉尤姆往访之，见其迷乱恍惚于深林之中，心为不安，乃偕之返巴黎。乃于一八八六年一月十七日终于田野圣母院路画室中，年五十七。其信札（一八八四至一八八五）公布，人咸感其心之纯善与其文笔之妙，有异乎其乎日寡言笑之似少情愫云。

薄特理之素描，极锋利敏锐，开古今未有之格调。其绘，则娴雅高妙；其设想，皆逸宕空灵，与田波罗为近，而传神之精妙过之，盖二百年无此伟大之壁画家矣。至于法国，可谓首出之大壁画家，为夏凡纳、倍难尔之前辈，而蔚为法国美术之无上光荣者也。此三人者，虽与十六世纪威尼斯大家抗手，可也。

薄仅中材，而发黑，目光炯炯，性极沉毅，人称之曰"小伟人"。生于法最强盛之世，与文豪爱德蒙·阿布及于勒·普勒东（画家而诗人）友善，二人皆叙述其生平。歌剧院之壁画，虽如此妙丽，但高远七八丈，莫能逼视。吾持远镜，以观剧之便，杂稠人中观之数次，但不畅快。信乎人之作品，有幸有不幸也。屋顶天花板画人物，均须飘然飙举，仙姿暇逸，最为难写，历史上鲜得名手。至薄特理，乃觉其自然高妙，真有聆《萧韶》九成之感。神人以和之乐，而学者往往不能举其名，信艺林之耻也。吾人今日诚处黑云笼罩、杀气森森之世界中。所谓我生之后，逢此百忧，诚毫无生趣。但先民光芒所遗，足以慰藉吾人之物，嘉惠吾人者，其在欧洲，良不可以数量计。苟得浮生半日闲者，大足直接领受，一畅所欲，醍醐灌顶，心神都快。奈何为享受目的而设之局，乃布一暴戾丑恶之场面耶？夫美术者，超现实之物也。夫指为超现实之物，仍复是荒秽丑恶一套。且视现实，尤为荒秽丑恶，唯曰不足者，真不识其人之性，犹牛之性欤？抑何种根性矣。李铁拐为仙人之一，奈何必指跛子而始为仙人之真相乎？

达 仰 先 生 传

吾于一九一九年春间抵欧。既居法，日向各博物院探览珍奇，尤以鲁勿、卢森堡一古一今两大美术馆为吾醉心向往之所。得间，即置身其中，流连忘返。于古则冥心追索，于并世艺人则衡量抉择，求觅师资。盖世无圣人，固不当在弟子之列，而群峰竞秀，颇眩惑其缥缈之奇。于是，《林中》《降福之面包》作者达仰先生乃为吾最倾倒景慕之画师。翌年十一月，因大雕刻师唐泼脱之夫人绍介而受业于其门。并世艺人，在德若迈尔、康普，在意若爱笃尔低笃、薄尔提尼，在英若西姆史、勃郎群，在比若弗来特里克，在法当时则如薄奈、罗郎史、莱而弥㘰及风景画家莫奈，今皆逝世。倍难尔、夏拔皆吾心仪，推为第一等作家者。而先生思想之高超，作品之华贵，待人接物之仁智诚信，吾尤拳拳服膺，永矢弗渝者也。

先生今年七十六，一八五二年二月七日生于巴黎。十七岁学于美术专门学校热罗姆画室，一八七六年罗马大奖竞试仅列第二。翌年去校，顾已历陈守古典法则之作于国家展览会，为世知名。维时与其友白司姜勒班习（已逝世四十余年，实创外光派之巨子，其作精妙绝伦），皆喜荷尔拜因者也。

自一八七九年始，先生叠以写实之作大为世人注目，如《摄影人家之婚礼》《穷祸》《种牛痘》《新人婚前之祈福》《饮马》，皆为各博物院罗致以往。

先生杰作《降福之面包》，实为写实主义入理想界之开山，其思入神，其笔尤妙尽精微（一八八六年此画为国家购入，纳诸卢森堡美术馆）。逮一八八九年游布列塔尼（法西境，其俗敦朴，纯乎古风），旋写《征兵》《圣母》《最后的晚餐》（达·芬奇曾写是题于意米兰，今已垂毁，其外古今所作，未有及此者）。益以此作风显著，华妙精卓，沁人心脾。嗣后求写像者众，杰作孔多，如《服尔德姑娘像》，并生动秀杰，呼之欲出，信乎不可思议已。

先生著作等身，历数其题将盈数页，兹不备论。自前年六月，先生乃着手一大图，写至今年四月，尚未竣事，吾以东归，强请于先生而观之（画未成，例不示人），盖工已届十之七八矣。华妙壮丽，举大地古今画中大奇二十幅，必不能遗此作。吾梦魂颠倒，必欲令此奇美人于中国，现于吾沉痛呻吟国人之前，宣其酸楚。今也尚无何方容吾有启齿建议之机者，吾国人其终无此眼福乎？千人诺诺，不如一士谔谔，惋惜何似。先生于一九〇〇年与麦索尼埃、夏凡纳、罗丹、莱而弥式、倍难尔等二十人建立国家美术会（盖鉴于官僚性质之法国艺人会之无能为），艺界倾向为之一变。先生之学，其守曰诚，其诣曰华贵，曰精微，容纳他人之长，而不主成见，教人务实、务确、务大，故抑丢勒之杂，而好荷尔拜因之简，谓其能赓意大利复兴诸家之调。尤以写光擅称，而绝蛊惑人视觉之小巧。其名论甚多，当续刻于本师语录中。

先生唯有一子，死于此次大战。暮年与夫人形影相依，过从者皆年七八十之老友。先生至勤于业，未尝轻掷片时，家事悉委之于夫人。前年严冬，先生病甚，几不起。少瘥，余乃入其卧室访之。先生曰：终日营营，颇觉小病佳趣，小病转得读闲书，逞冥想。夫人则在旁哂之，为景殊韵。去年十一月，夫人亡，先生神伤啜泣，孑然于家，殆无生趣。旋其老友服尔德先生亦逝，先生益茕茕寡欢，恒谓：死，归也，所惜欲宣未竟，将终吾力而后已。先生尚有挚友二：其一曰安弥克先生，著作家，鉴艺之精，吾所罕见。蓄先生精作最多，已建专院于巴黎郭外之香低怡，授国家保守。一曰勒葛郎，建筑师，皆慰先生茕独者也。

先生为画师泰斗，负艺界众望，当世大画家若末于念、亚特贲，皆先生弟子，游其门者不可胜数。千九百年被选为学会会员，十五六年前已为意大利佛罗伦萨之乌飞齐宫征像（盖艺人之圣庙，其中自十五世纪以来如达·芬奇、米开朗琪罗、拉斐尔、萨托、委拉斯盖兹、伦勃朗等，皆有自写像藏其中）。既享盛名五十余年，琴瑟攸好，又无物力生活之不足，吾古人所谓富贵康宁攸好德考终命者，先生皆全而不缺。顾先生既寿，乃不足为先生福。先生之生，唯为艺人存良范，增艺史以奇美而已，为人类养尊树功而已。先生则日以道孤侣尽，滋其悲怀。故先生晚近所作，多兴感于哲理宗教之题，奏笙歌于云表天人之际，芒乎昧乎，未之尽者，优哉游哉，聊以卒岁。先生其无情耶！吾境太迥异，少读书，且年事浅，未足以知先生至于此也。独仰先生孔子之流也，菲狄亚斯之流也，达·芬奇之流也，巴赫、贝多芬之流也，欲不师之，又焉得已。抑吾既久沾时雨之化，沐春风之和，苟有所树，敢忘其本。忆八年前任公东归，寄吾书瑞士曰：榛苓西美，实赖转输。吾苟负此使命者，敢遗其至人，敬为先生传。

忆达仰先生之语

先君亡后，遂无问业之师。漫游欧洲之二年，乃识达仰先生。其艺高贵华妙，博大精微；其人敏锐刚正，蔼然仁者。此世舍此人外，非无可师，但北面而为弟子，觉不歉也。相从先后凡八年，以境迫东旋，而先生年七十五矣。不知天肯从吾愿，令吾再随杖履乎？重挹时雨春风之乐也！念之唏嘘，系情梦寐。

一日言及荷尔拜因，先生曰：其艺简洁精当，殆受意风。丢勒固是诗人，终觉琐碎，无概约全局之观。北派恒承此弊，而意人无之，其派所以大也。

埃贝尔尝与先生书曰：艺之目的，其技法（exécation）乎（按艺人文过，恒自立界说。说愈繁，艺愈弱。至人具造化之全，何所不可）？

先生教人之道凡二，曰真率（sincérté），曰诚笃（conscience）。先生曰：博大之道无他，在与人人以透彻之了解，故题不取冷僻，而景贵在目前。因述当日有人以画示热罗姆，热不解其题，其人释述再三，冗长无已。热曰：汝将写此段历史于何处，而令人解读耶？

内涵、诚笃乃欣赏之源也。

学必逾于行之量，乃有游行自在之乐，适如其量，便现窘促。

有一人呈课于先生，课多草率，不中绳墨。先生曰：识之。此名 crayonnage（铅笔涂抹），不名 dessin（素描）。

癸亥时，余笔尚不就范，色不能和。先生乃命吾描，并令工写人体一部，以细察其象。康普亦曾语余，谓若精于描，则色自能如其处。

余东归，走辞先生，先生曰：勉之，当为强固之作，勿苟全于世。舍己徇俗，大师所不为也。且俗尚亦何赖？例如吾巴黎时装不两年即变，若学者不能自持，而年八十者不将随之数十变乎？即舍力逐之，亦有所不及也。

先生于其侪辈称夏凡纳，称埃耐。谓夏能大而埃能简。又称其友人塑师唐泼脱，谓其精卓，不苟于其较后辈，则尚理扬。谓可不爱之，但不能不敬之也。

先生于德，尚华贵；于艺，尚精卓，极确切不移。

先生谓余色有 sonarité（铿锵之声）。吾描有力，实先生之教也。

先生见解极博大，不没人之长。

先生谓誉者最为危险，故人务自砥砺。循俗懈怠，罗丹且不免（此论因座有人论倍难尔者，故言）。

先生恒称安格尔，谓其精神华贵。

先生于古人最称达·芬奇、提香及荷尔拜因、伦勃朗。

艺术探微

习 艺

艺术家凭天才，固也。但世尽多天才，未有不经一极长时间之考究与夫极丰润灌溉培养而成者。天才者，言此人之有特殊领悟力也。时间者，所以熟练其了解及想象也。培养者，乃际遇，所以节其时坚其成，有余境俾其自化也。简言之，即表其特性，优且裕，而自创作之也。

人类造作中艺人所分配之任务，乃留遗人情感中一种现象，使之凝固，使之永停。例如声，有悲欢喜怒，音乐乃节奏之成调，逮调出，人即直觉其喜怒哀乐。画，表色者也；色之感，有壮、快、沉。其境不得时遇，画则显之。次如雕之状形，舞之寄态，建筑之崇式，诗之抒情，文之记事，皆莫非造一种凝固之现象而已。

天才不世出，人之欲成艺术家者，则有数种条件：（一）须具极精锐之眼光与灵妙之手腕；（二）有条理之思想；（三）有不寻常之性情与勤勉。目光手腕，乃习练而产生之物，在确视确写，精察繁密之色，而考究其复杂之状。习之久，则自然界任何物象，一经研求，心目中自得其象，手自能传其形，夫然后言创造，表其前此长时期中研察自然所独得者。于是此创造，乃成人类造作。然思想无条理，何能整顿自然。性情不异，则无所遇。非勤，则最初即不能得艺，终懈，则无所贡献于世也。

欧人之专门习艺者，初摹略简之石膏人头，及静物器具花果等，次摹古雕刻，既准稿，则摹人（余有摹人专篇当续寄登）。盖人体曲直线极微，隐显尤细，色至复，而形有则。习艺者于此致其目光之所及者，聚其腕力之足追随者，毕展发之。并研究美术解剖，以详悉人体外貌之如何组织成者。摹人自为主，摹人外更须出写风景及建筑物。复治远景法，以究远近之准何定理。又治美术史，借证其恒时博物院中观览之古人杰作之时代方法变迁。治美学，以究人类目嗜之殊。治古物学，所以考证历史者。故艺人既知美术于社会、于人类、于历史、于幸福，种种之关系，其造作之品，有裨群体可知也。

造 化 为 师

　　艺之来源有二：一曰造化；一曰生活。欧洲造型艺术以"人"为主体，故必取材于生活；吾国艺术，以万家水平等观，且自王维建立文人画后，独尊山水，故必师法造化。是以师法造化或师法自然，已为东方治艺者之金科玉律，无人敢否认者也。但师法造化，空言无补，必力行乃见效。一如吾先圣、先哲留遗几许名言，但不遵守，亦无补恶风浇谷。且恐有歪曲其意义，假借之而为乱阶者，比比是也。至于艺术中之绘事，若范中立久居华山，其画乃雄峻奇古；倪云林、黄子久，生长江南无锡，故所作淡逸平远，何者？皆师资所习见之造化，忠诚写出，且有会心，故能高妙也。以时人论，齐白石翁之写虾蟹蝼蝈，及棕树芭蕉，俱成独诣，自有千古。夫写虾蟹蝼蝈，棕树芭蕉至美，已可千古；则造化一切，无不可引用而成艺术家之不朽者，此事之至明显者也。张大千先生之山水，不愧元明高手，惜有一事，乃彼蜀人，而未以蜀产之大叶榕树入画，因蜀中自古少山水大家，粤湘亦少，因画中未见此树，而此树实是伟观，非止其功荫庇劳人而已。北平自古亦少山水大家，因之其所产白桲巨柏，亦未见于画中；但团城大桲，公园古柏，俱是天下至美之物。吾人既习焉不察，固然奇怪；而画家亦习焉不察，则非麻木而何？！而必乞灵于枯竹水石，苹果香蕉，直天下之不成材者矣！故师法造化，既是至理，应起力行，不必因为古人未画，我便不画；古人绝无盘尼西林，若今日之顽固者，倘患腹膜炎，遂可听其死去，有是理否？抑范中立、倪云林辈，苟生长北平，恐早即画成多种白皮松作矣。北平之所以成为文化城，正因其生活丰富；此丰富之生活，乃画家之不尽泉源；如城居劳工、近郊农夫、优孟衣冠、街头熙攘、穷酸秀才、豪华侠客、红杏在林、碧桃满树、骆驼出塞、鹰隼盘空、牡丹成畦、海棠入梦、更夫扫雪、少女溜冰、百灵赓鸣、金鱼荡漾，无在而不可以成佳构、创杰作，何必定走访故宫博考收藏，取象于宋元皮毛，乞灵及赵董骸骨耶？日本逐臭之夫，又以西洋狗矢，特置中国艺坛，故其影响，甚为恶劣；不佞初到，正做廓清荡涤之工，渐期纳入正轨，倘多豪杰之未来战士，定继欧洲代兴。大丈夫立志第一，继往开来，吾辈之责，幸除积习，当仁不让，凡我同道，盍兴乎来。

艺术之品性

人有善恶之分，艺有美丑之殊，一如味有香臭，理有是非，相对而立，并生并长。譬诸虱苍蝇，夫乎不在？文物昌明之世，两性界划清晰，善者升张，寄恶者敛迹。暨乎末世，则汉奸亦处国中，盗贼时相接席，黑白溷淆，贤愚不分，及言艺事，则鱼目混珠，骗术公行，张丑怪于通衢，设邪说以惑众。在欧洲，若巴黎画商，在中国，若海派小人，志在欺骗，行同盗贼，法所不禁，诟骂罔闻，市井贱民，生不知耻。溯其所以能存在与寄生社会之理由，约有数端：（1）其制作极易；（2）常人以为凡艺术即美，或视若无睹，漠不关心；（3）利用人之虚荣弱点心理；（4）有组织。

（1）苟有人赴罗马西斯廷教堂，一观拉斐尔壁画，雅典派之《圣祭》，或见荷兰伦勃朗之《夜巡》，虽至愚极妄之人，亦当心加敬畏。反之倘看到马蒂斯、毕加索等作品，或粗腿，或直胴，或颠倒横竖都不分之风景，或不方不圆的烂苹果，硬捧他为杰作，当然俗人之情。畏难就易，久之即有志气之人，见拆烂污可以成名，更昧着良心，糊涂一阵，如德国之科林德是也（科初期绘画尚佳，复乃成心捣乱）。因劳而未必有功，反多费时日精力材料也。所以孔子说："君子依乎中庸，遁世不见，知而不悔，唯圣者能之！"寻常之坚定力，如何支持得住！

（2）艺术乃文化上嘉名，尤于中国传统思想，以为唯高人韵士，乃制作书画，不闻其为鼠窃狗偷之徒，苟能书画便得附庸风雅。自然倘无行而艺可存，如严嵩、阮大铖等小子，允当别论。且尊重斯文也，良好习惯，无奈海上逐臭之夫，其蠢如牛，其懒若噩，饱食终日，热衷名利，忽发奇想，欲成画家，觅得口号，复兴文艺，实施欺骗，污辱嘉名，播丑四方，贻人笑柄。溯其所以为丑之要素，皆借"创造"两字，为欺骗的出发点，实贩卖洋货，抄袭他人，假名作伪，求人题字以眩惑无知，不必有人同情，不怕向敌摇尾，设铺开张，惟图买卖。其有出伸正义，笔诛墨伐者，社会醒悟一时，久亦忘怀，于是窃贼漏网，逍遥法外，挟其故技，卷土重来，当地之外猜疑，而已自诩成功。

（3）迷汤人人灌得进。不怕你头品顶戴，党国伟人，赠以高帽，必能欢喜，于是胁肩谄笑者，张画求题，既题又刊报章，以成要人之雅。于是得隙即进，遂成密切因缘，而要人不费半文，便得宏奖之誉，互相标榜，彼此利用，实则谄媚者，固属可卑。要人亦应藏拙，此画此书，徒供玩笑，冒充文物，夫岂可能，贻羞士林，玷污艺圃。

（4）法国画商之因广销劣画也，不恤重费收买批评家及种种艺术刊物。吾国之鄙夫亦效之，上下其手，朋比为奸，有所行动，广告随之。于是洁身自好之士，避之若浼，而大吹大擂数年，仍不见真正艺术品出现，欺骗之实，夫复奚辩。

纯洁天真之读者毋自以为不知，为外行。不敢批评，苟见一艺术品时，只需暗中有忖，自问倘我作此，我自满意否？我用功学之，到此境应须几年？他那件东西，比我所学的较难或易？如此一问，则汝天赋之评判力立现，不致为物所蒙，须知汉奸不除，国无宁日，丑术倘在，必为美术之累也。

美 的 解 剖

物之美者，或在其性，或在其象。有象不美而性美者；有性不美而象美者。孟子有言"西子蒙不洁，则人皆掩鼻而过之。虽有恶人斋戒沐浴，则可以祀上帝"，此尊性美者也，然非至美。至美者，必性与象皆美；象之美，可以观察而得，性之美，以感觉而得，其道与德有时合而为一。故美学与道德，如孪生之兄弟也。美术上之二大派，曰理想，曰写实。写实主义重象；理想派则另立意境，唯以当时境物，供其假借使用而已。但所谓假借使用物象，则其不满所志，非不能工，不求工也。故超然卓绝，若不能逼写，则识必不能及于物象以上、之外，亦托体曰写意，其愚弥可哂也。昧者不察之，故理想派滋多流弊，今日之欧洲亦然。中国自明即然，今日乃特甚，其弊竟至艺人并观察亦不精确，其手之不从心，无待言矣。故欲振中国之艺术，必须重倡吾国美术之古典主义，如尊宋人尚繁密平等，画材不专上山水。欲救目前之弊，必采欧洲之写实主义，如荷兰人体物之精，法国库尔贝、米勒、勒班习、德国莱柏尔等构境之雅。美术品贵精贵工，贵满贵足，写实之功成于是。吾国之理想派，乃能大放光明于世界，因吾国五千年来之神话、之历史、之诗歌，蕴藏无尽也。

艺 术 漫 话

巧之所以不佳者，因巧之所得，每将就现成，即自安其境，不复精求。故巧者之诟，止于舒适平易，无惊心动魄之观。孔子曰："巧言令色，鲜矣仁。"

吾国近人中最擅色彩者，当以任伯年为第一，其雅丽丰繁，莫或之先。时人则齐白石为诟此理。夫其健笔传神阿堵者，已为艺人之所难，讵知尚未尽其能事耶！

所谓笔墨者，作法也。气之云者，即黑白之相得、轻重疏密之适合也，与韵为两事，而为体也不相离。韵者，节奏顿挫之妙，即物象之变之谓也。凡得直之曲，得曲之直，得繁之简，得简之繁，得方之圆，得圆之方，得巨之细，得细之巨，其奇致异趣，皆号之曰韵。要之不得其正，则不知其变。晴空明朗乏韵；烟雾迷离，或月下灯前则有韵矣。何者，物之色象变也。

公正率直，非不佳善，而诙谐笑谑，则多韵致。故韵者正之变象，非诈伪也。韵生幻境亦非伪也。韵与正之辨，与幻想之辨，皆极几微。能知直之至，便足以知曲，不必习知曲也。能明乎色象之正，便即可推知其由变而生之韵，不必求韵也。求韵不可必得，而有误趋虚伪之危，不可不察也。

研究艺术务须诚笃

　　研究艺术，务须诚笃。吾辈之习绘画，即研究如何表现种种之物象。表现之工具，为形象与颜色。形象与颜色即为吾辈之语言，非将此二物之表现，做到功夫美满时，吾辈即失却语言作用似矣。故欲使吾辈善于语言，须于宇宙万象有非常精确之研究与明晰之观察，则"诚笃"尚矣。其次学问上有所谓力量者，即吾辈研究甚精确时之确切不移之焦点也。如颜色然，同一红也，其程度总有些微之差异，吾人必须观察精确，表现其恰当之程度，此即所谓"力量"，力量即是色对的精确，为吾辈研究绘画之真精神。试观西洋各艺术品，如全盛时代之希腊作品，及米开朗琪罗、达·芬奇、提香等诸人之作品，无一不具精确之精神，以成伟大者。至如何涵养此种之力量，全恃吾人之功夫。研究绘画者之第一步功夫即为素描，素描是吾人基本之学问，亦为绘画表现唯一之法门。素描拙劣，则于一个物象，不能认识清楚，以言颜色更不知所措，故素描功夫欠缺者，其所描颜色，纵如何美丽，实是放滥，几与无颜色等。欧洲绘画界，自十九世纪以来，画派渐变。其各派在艺术上之价值，并无何优劣之点，此不过因欧洲绘画之发达，若干画家制作之手法稍有出入，详为分列耳。如马奈、塞尚、马蒂斯诸人，各因其表现手法不同，列入各派，犹中国古诗中之潇洒比李太白、雄厚比杜工部者也。吾辈研究各派，须研究各派功夫之所在（如印象派不专究小轮廓，而重色影与气韵，其功夫即在色彩上），否则便不能洞见其实际矣。其次有所谓"巧"字，是研究艺术者之大敌。因吾人研究之目标，要求真理，唯诚笃，可以下切实功夫，研究至绝对精确之地步，方能获伟大之成功。学"巧"便故步自封，不复有为，乌能至绝对精确，于是我人之个性亦不能造就十分强固矣。

二十岁至三十岁，为吾人凭全副精力观察种种物象之期，三十以后，精力不甚健全，斯时之创作全恃经验记忆及一时之感觉，故须在三十以前养成一种至熟至精确之力量，而后制作可以自由。法国名画家薄奈九十岁时之作品，手法一丝不苟，由是可想见其平日素描之根底。故吾人研究绘画，当在二三十岁时，刻苦用功，分析精密之物象，涵养素描功夫，将来方可成杰作也。

诸位，艺术家之功夫，即在于此。兄弟不信世界上有甚天才，是在吾辈切实研究耳。诸位目今方在二三十岁之际，正当下功夫之时期，还望善自努力也。

中国美术学院筹备志感

孟子曰:"五谷者,种之美者也,苟为不熟,不如稊稗。"其五谷稊稗,自上帝眼光视之,原无差别,一若猫与鼠之俱为动物也。但人以自私自利之故,择五谷以养生,尤因自用精力耕耘之,故必将扶植五谷与养猫驱鼠,亦常情常理,不能谓违帝旨,纵违,亦不恤也。

倘有二十万人丰衣足食之城市,除各类学校,自卫、疾病、养老育幼设备以外,一剧场之建立,予三五绘画雕塑者工作于是,并不为多。甚至建一教堂或寺院,延一牧师或高僧于此说道,皆足充实人类生活。至于体育设备,尤为切要之图。其所谓文明者,第一须能自存作战,第二须能自养。生活之具,不赖他人,非谓耳目之废其用也。抑人既具耳目,便不能自废,惟养之以道,则有如食之甘稊稗者。于是乎谬种流传致无耕耘五谷之地,建一大愚之邦,亦殊不足乐也。

学术对于国家之需要,各有缓急之不同,吾人只有各尽其所长,以贡献于邦国。唯艺术之起源,基于热情,成于不能自已。故待文王而兴者,凡民也;若夫豪杰之士,虽无文王犹兴。是以不朽之诗歌及高贵之图画。恒自抒胸臆,不为利用之制作。若受宗教或权势定制之杰构,必其题旨合乎作者内心之所欲发挥,借是机缘,宣其怀抱,必非强而后可者也。

当人振臂一呼，创病皆起之时，应无讴歌升平之梦，但略居阵后者之有举及指虏胡马奔走之梦，叙而写之则为此业者应有之事也。惟梦亦多端，如英人久尝火药之味，或闪烁之光，震恐之声，忽欲向中国征集山水花鸟全无斗争况味之绘画展览，以调剂其过度紧张之情绪，彼太多而欲抑节之，我太少而欲充实之，均非愚者之举动也。

艺术家之职责，在志于其道而已。若自欲以其道而利天下，是愚人也。但艺术之道，实足以利天下。一切学术之精神在凝固其梦而已，艺术亦然。政治者乃调整一切凝固之梦，而天下于以利比之。医药者之责在求药之精，而医则期施之至当而尽药力之用。艺术之于天下，亦犹药之一种。

绘画为造型艺术之主干，而中国三百年来之绘画，承《芥子园画谱》之弊，放弃人天赋之观察能力，惟致意临抚模仿，视自然之美如无睹，其流毒之深，至于浑不似之四王山水之外，不复知有画。堕落若此！吾国固多名山大川，及极丰繁博富之花鸟草虫，但吾国尤有数千年可征信之历史，伟大之人物，种种民族生活状态，可供挥写，顾在最近以前，罕用以人画者。一种腐败衰颓之滥调，中人欲呕。世苟有观风者，以吾国晚近三百年之画示之，当深知此民族之不振矣。振之道无他，以人之活动入画而已。慨自西洋艺术输入中土，适中欧艺事渐衰之际，画商操纵，诪张为公，进口许多秽恶之物，唯以香蕉苹果代替古木竹石，其不振如故也。吾非谓东西小品中遂无佳作，但不足以为倡也。迨国民革命奠定，全国文化随之有中兴之势，其功效最显者，厥为话剧。惜乎倡导造型艺术率半解之夫。耗费巨万，募人数千，而不得效果，政府又制定阻遏艺术进步之入学法（如高中之卒业方得学音乐等），逼使治艺者北望，徒令低能者取得资格，其算学又焉能与工师相比，而真有异秉者，叹息被摈于学校之外。

朱骝先先生，宏奖学术，提议于中英庚款委员会设立中国美术学院，每月经费一万元，使不佞筹备其事。吾因集合青年画家近十人与以合作，俾能以全力从事于艺。规定三章约法：（一）须有可见人之作品五十件以上；（二）文笔流畅；（三）须有利人之事实，至少与人知其倾向。应聘以后，更有详明之义务及权利规定，不欲国家枉费一钱，亦不加任何不合理之束缚于艺术家。草创逾年，规模未具，抑在抗战未得最后胜利以前，只在筹备，决不成立。倘他日同人出产可观，形势好转，当请诸国家或社会成一美术庙堂，以享祀艺神，令吾人魂有依归。此不特点缀太平，鼓吹文明，亦众人之乐也。若不幸，同人努力不足，信誉未立，援助既无，同情亦缺，则凡田亩当任人种嘉谷，不能荒芜长稊稗。此理想中之美术学院或竟不成，未可知也。

吾国青年艺术家，当前之困难。第二为工具材料之缺乏。第三为无颇合适之工作地，而第一实为缺乏激昂之勇气。夫世俗之所谓居奇，或古人所谓待价而沽者，皆指先有好货在也。今者自怀身手并表现之计划都无，此与艺术产生之基于热情，成于不能自已之原则，何其背耶，苟有发扬真艺有所建树者，虽吾敌党吾亦赞美之，吾誓于美之神，吾将努力拥护之，吾曾以真诚鼓舞反对我者之创作而无丝毫嫌忌，惟冀有多量造型艺术杰作，以讽此伟大时代，为邦国之光，吾友吾敌，皆当奋勉。因吾人不能禁日本艺人之尽力有所贡献，而此贡献将为超时代与国际性之创作也。倘二十年中，吾人寂然无所表现，则光荣将让诸该辈，而吾人此时所受一切痛苦成为活该，贬为毫无价值，吾当自勉，诚知吾人所处之社会尤吾人之友皆在拭目以待也。

复兴中国艺术运动

　　吾本欲以建立中国之新艺术为题，只因吾国艺术，原有光荣之历史、辉煌之遗产，乃改易今题。所谓复兴者，乃继承吾先人之遗绪，规模其良范，而建立现代之艺术，以慰藉吾人之灵魂，发挥吾人之怀抱，展开吾人之想象，覃精吾人之思虑也。在此类种种步骤进行以前，必须先有番廓清陈腐、检讨自我之工作。

　　第一在思想上，吾先人遗留与吾人之伟制，如建筑方面：有长城、天坛，近在眼前；雕刻方面：有龙门、云冈、宾阳洞、天龙山；绘画方面：有敦煌千佛洞，其伟大之结构，如维摩诘接见佛使文殊师利。此固可视为外来影响，非中土本位文化；但如吾所藏之《八十七神仙卷》(中华书局出版)，其规模之恢宏，岂近代人所能梦见！此皆伟大民族，在文化昌盛之际，所激起之精神，为智慧之表现也。无他，亦由吾国原始之自然主义，发展到人的活动努力之成绩也。在古希腊全盛时代，其托利亚式、伊奥尼式、利林斯式三种建筑上，恒以神话族天才，为佛教利用，亦创造了中国型之佛教美术。顾吾国虽少神话之题材，而历史之题材则甚丰富，如列子所称清都紫微钧天广乐帝之所居，大禹治水、百兽率舞、盘庚迁殷、武王伐纣、杏坛敷教、

春秋战事、负荆请罪、西门豹投巫、萧萧易水、博浪之椎、鸿门之
会、李贰师之征大宛、班定远之平西域等等，不可胜数，皆有极好场
面，且少为先人发掘者。其外如海市蜃楼，亦资吾人无穷冥想；益以
民间传说，画材不避迷信，可说丰满富足，无穷无尽也。

　　在此方面，检讨吾人目前艺术之现状，真是惨不可言，无颜见
人！（这是实话，因画中无人物也。）并无颜见祖先！画面上所见，
无非董其昌、王石谷一类浅见寡闻，从未见过崇山峻岭，而闭门画了
一辈子（董王皆年过八十）的人造自来山水！历史之丰富，造化之浩
博，举无所见，充耳不闻。至多不过画个烂叫花子，以为罗汉；靓装
美人，指名观音而已。绝无两人以上之构图，可以示人而无愧色者。
思想之没落，至于如此！中国三百年来之艺术家，除任伯年、吴友如
外，大抵都是苏空头。再不自觉，只有死亡！以视西方帕提农、哈
利卡纳苏斯陵之雕刻，以及达·芬奇之《最后晚餐》、米开朗琪罗之
《最后的审判》、拉斐尔之《雅典派》、提香之《圣母升天》、丁托列托
之《圣马可的奇迹》、鲁本斯之《天翻地覆》、委拉斯凯兹之《火神的
锻铁工厂》、伦勃朗之《夜巡》，近代若吕德之《出发》、德拉克洛瓦
之《希阿岛的屠杀》、门采尔之《铁厂》、夏凡纳之《和平》、罗丹之
《地狱之门》等作，真是神奇美妙，不可思议。彼有继起，而吾中断，
但以吾先人之遗产比之，固毫无逊色也。然问题是现在与将来，而非
既往——昔日之豪华，不能饱今日之枵腹也！

　　二论技巧：古人形容高贵精妙之技术，曰传神阿堵，曰真气远
出，曰妙造自然；今人之所务，仅工细纤巧而已，且止于花鸟草虫；
其外已少能写人像之人，少能画动物之人，少能画界画之人，少有
能画一树至于高妙之人。虽多画花鸟虫鱼之人，而真精能与古人抗
手者，不过三五人而已！以中国之大，人民之众，艺事之衰落，至

于如此，若再不力图振奋，必被姊妹行之科学摒弃！更无望自立于国际！

吾人努力之目的，第一以人为主体，尽量以人的活动为题材，而不分新旧；次则以写生之走兽花鸟为画材，以冀达到宋人水准；若山水亦力求不落古人窠臼，绝不陈列董其昌、王石谷派人造自来山水，先求一新的艺术生长，再求其蓬勃发扬。大雅君子，幸辱教之。

中国艺术的没落与复兴

中国艺术没落的原因，是因为偏重文人画。王维的诗中有画、画中有诗那样高超的作品，一定是人人醉心的，毫无问题，不过他的末流，成了画树不知何树，画山不辨远近，画石不堪磨刀，画水不成饮料，特别是画人不但不能表情，并且有衣无骨，架头大，身子小。不过画成，必有诗为证，直录之于画幅重要地位，而诗又多是坏诗，或仅古人诗句，完全未体会诗中情景。此在科举时代，达官贵人偶然消遣当作玩意。至于谈到艺术，为文化部门——绘画尤为文化重要项目——以他去发挥人的智慧、品性和诗词、小说、音乐、戏剧，同其功用，那么，这一类没落的中国画，是担当不了这个使命的。

王维、吴道子的高风，不可得见，其次者如马远之松、夏圭之杉，亦难得见，在今日文人画上能见到的不是言之有物，而是言之无物和废话。今日文人画，多是八股山水，毫无生气，原非江南平远地带人，强为江南平远之景，唯模仿芥子园一派滥调，放置奇丽之真美于不顾。我得声明，我并非唯物论者，不过曾经看到如此浮泛空虚、毫无内容之画，如林琴南，原是生长在高山峻岭、长江大河、巨榕蔽天、白鹭遍地之福州，偏学我江苏不甚成材之王石谷，其无志气，既可想见，其余更无论矣。

海派造型美术、绘画雕塑，遭到逆流，这完全是画商作怪，毫无疑义。本来艺术为人类公共语言，今乃变成了驴鸣狗叫都不如，驴鸣多为求偶，狗叫尚为警人，都有几分为了解的表情也。天下只有懂得人越多越发伟大的作品，如希腊雕刻、文艺复兴时代重要作品、吾国唐宋绘画，其妙处万古常新。敢武断说一句：没有人懂得就不是好东西，比如食物哪有不堪入口而以为美味的呢？除非是狗屎一类的东西。并且，以我的经验，凡是不成材的作家，方去附和新派，中外一样，可想见其低能，以求掩饰之苦心了。

这类新派名目繁多，在意大利为未来派，在德国为表现派，名虽不同，其臭则一。搞到如此，有光荣历史之法国，目下已找不到几位真能写画的人，岂非悲运。不知各类艺术，多有其自然之限制，勉强不得。如雕塑之不能做成飞的形态，除非浮雕。未来派画猫八只脚，说是动的情形，如此是想要以画与电影竞赛，何能济事？只求味好，不必苛求，香气能香固好，但香而味不好，于口毫无益处。如诗的境界，音乐的境界，能有，固然于画有益，若专求诗境乐境，而生画境，这手和眼睛便为无用。试问音乐不为听，味不中口，图画雕刻不为看，这还不是白费精神，暴殄天物？所以，我批评这一类艺术家，总之为以机器遗造石斧。原始人时代用手制之石斧，自然可当文化之胎，现在用二十世纪完备之机器去制造石斧，抑何可笑？京调只思媚俗，相习成风，不图进取。须知要晓得我们的敌人日本，既解除武装，只有覃精文治，他们以后全国人都是中学毕业，知识水准提高，又能集中精力于艺事，他们又有普遍的爱好，丰富的参考标本，不像我们只藏得有几张四王、恽、吴山水。在世界文化界角逐起来，我们要不要警惕？我们在一切上都应当放大眼光，尤其在艺术上不放大眼光，那真不行。讲到这里，我又要批评只用作风区别南北两宗派之无当。用重色金碧写具有建筑物的山水，以大李将军为师，号北宗；用水墨一色，以王维为祖的号南宗。何不范宽华山的为华山派，倪云林江南平远的为江南派为得当。因如此，便能体会造物面目，如法国十九世纪能成为技尔皮茸派是也，专写湖沼、水光、大树、森林，缀以农夫耕牛，而无高山峻岭之雅。

假使能如此分派，则这卢雁岩、黄山、太华、九嶷、罗浮、武夷、天台、青城、峨眉、鼎湖、赤城，将有真面目，并且约略看见些各地的鸟兽、草木，助长些遐想的。对不起，吾又要加入一支插曲：民国二十六年抗战初期，我在重庆，四川省教育厅请我主考四川省中学图画教员，要我出题目，我便出两个如下之题目："至少两个四川人，在黄桷树下有所事，黄桷树不画树叶。"弄得试生束手无策，原定两点钟内完卷，半小时过，尚无消息。开始议论，抱怨地说这个不像题目：难道四川人与别地有啥子两样，况且不画树叶怎么会表示出什么树？为我听见，我便答道：正因为你们都是这样想法，所以我要考你们，对于事物的观察如何。你们即考上，亦不过一个中学教员，我当然不责备你们交出什么杰作，不过治艺术，唯一要点是观察能力。比方黄桷树，画的身干盘根枝节，何必用叶子来表示？中国画家画树，除松树树身上圈几个圈外，千篇一律。画杨柳敷赭色，画点圈便叫柏树，对树木树干树枝完全不理，这算作画么？至于人像，如果用人像来区别，当然较难。比如说，广东人眉目距离更近，湖南人下颌内削而小，常多露齿。北方人殊黑，较南方人为自然。画出区别不容易，不过要人一望而知为四川人，那最容易不过了。头上缠块白布，穿上长衫光了脚，不即是四川人么？所谓有所事，即摆龙门阵也好，赌钱也好，耕地也好，搐船也好，极度自由，有什么难呢？他们释然大悟，但总觉得题目有些别扭，因为完全出于他们想象以外。交卷后，细阅之，当然没有佳卷，因为他们所学，是另外一套，全离开事物，而全不用观察也。

我所谓中国艺术之复兴，乃完全回到自然，师法造化，采取世界共同法则，以人为主题，要以人的活动为艺术中心。舍弃中国文人画独尊山水的荒谬思想，山水非不可学，但要学会人物花鸟动物以后，如我国古人王维，样样精通，然后来写山水。并不是样样学会，方学画山水，因为山水是综合艺术。包括一切，如有一样不精，便即会露马脚。哪有样样不会，只学一些皴法，架几丛枯柴，横竖两笔流水，即算是山水的办法。考其内容，空无一物。王维、李思训固无物证，但展开李成、范宽的杰作，与近代人物画相较，真如神龙之于蝼蚁，相去何啻霄壤。人家武器已用原子弹，我们还耽玩一把铜剑，岂非奇谈。

音乐有所谓庙堂音乐、房间音乐，如吾国之七弦琴，非不高雅，但只可在房间内燃起一炷香，品一杯清茗，二三人相与欣赏。若在稠人广众之中，容积五六十人的场面，便完全失去它的作用。倘在几千人集合的大厦，一定需要巴哈、贝多芬、范拿内的大交响曲，方压得住。中国画习见之古木竹石，非不清雅，但只可供一间小客厅内陈设，若置于周围二三十丈的大展览会，纵是佳作，亦必不为人注意。比之四川泡菜，极为口爽，但不能当作大菜做享宴之用。绘画雕刊，在全盛时代专用作大建筑物上的装饰，供大家瞻仰，后世乃有消遣品出现。唯世界动荡祸乱频仍，大作品随着事变损失，小作品携带容易，反能流传后世。故上古艺圣菲狄亚斯的作品，今无所遗，反靠那些出土的诡俑，考见其遗风余韵的影响。吾国唐代画圣吴道子那些在庙宇中的辉煌的大壁画，千百年后，全数毁灭，幸而在敦煌洞窟中尚保存得许多五、六、七、八世纪的佛教壁画，此类作品皆出于无名英雄之手，尚精妙如此，再去想象当年吴道子所作，应当高妙奇美至如何程度！他的画圣尊号，一定不是如王石谷那样凡庸侥幸得来的，我们要拿他做标准。

所以，我们如果希望中国艺术要达到它如唐代的昌盛，第一需要有一群具大智慧而有志之士，如曹霸、王维、吴道子、阎立本一类的人物，肯以全力完成他们的学术，再给他们一些发展抱负的机会，使得他们能够完成他们的作品。其间有一重要条件，即建筑家必须是有艺术修养的学者，而不仅仅是一位土木工程的设计家，根本在墙壁上是不注意的。第二是以后的政治家，必须稍具审美观念，承认艺术是发挥人类思想及智慧的工具，不加漠视，使每个时代的代表艺术工作者，留下一些每个时代的记号，供后人欣赏也好，参考也好，取材也好，嘲笑也好。

我并在此郑重指明，要希望艺术昌明，单靠办学校是不够的，唯办学校而又不取光明的途径，便堵死了艺术的生长。因为如不办学校，听其自生自灭，它倒可以自由采取它适合的形式，或者它自能得着光明的途径；如办学校，而仍走黑暗的道路，则强定一型，以束缚一切，必将使可造之才，斫丧而成废料，其祸比较无学校为尤大。学校的功用，仅仅使一般愿投身艺术工作者得充分启发其才智，如种五谷，使其能充分成熟而已。

除开办设立教学完善之学校以外，真能帮助艺术进步的，莫过于美术馆了。任何文明国都市，都有美术馆的设立，所以陈列古今美术品，亦用以鼓励新进作家。各国用以考验人民文化程度，此亦为其一端。惜乎我国人已知图书馆的重要，独未尝感觉美术馆的重要。图书馆之灌输知识，美术馆陶养性情，功用是相等的，而美术馆为劳动者之消除疲劳、儿童之启发智慧，以及慰藉休息时间稀少者，其功用之发挥，较图书馆为尤大。美术馆尤其是艺术天才的归宿地，因为假定吾国真个吴道子、王维再世，或者米开朗琪罗、伦勃朗等转世在中国，他们当真出产了许多惊人作品，而无地方容纳他们的作品，也是枉然。比如现在中国齐白石、张大千，溥心畬、溥雪斋等诸先生作品，除私家收藏外，不能见于公共场所，岂非憾事。问人家喜欢么，我可以答至少一半的群众是喜欢的，否则不成其为文化城之市民。然则何不急急办一美术馆呢？公家的美术馆办得像样，私家的宝贵收藏，自然就会向那里捐出，看郭世五先生向故宫博物院所捐收藏历代名瓷，以及傅沅叔先生将他的校勘的藏书几四千部捐人北平图书馆，是其明证。

一般社会之审美观念提高，可以增进对人类美术品的爱好，于是有天才出，便不愁没有发挥才能的机会。人才多了，有意义的作品多了，并藏在公共地方为大家欣赏，并晓得欣赏，那便是文艺复兴了。这件重大的文艺复兴工作，吾人在迎接他的来临以前，有一起码条件，就是要先有清洁干净的穷人。因为清洁的习惯都没有的人，不能希望他爱美术的，正因为美术是人类精神上之奢侈。美术的敌人有二，就是穷与忙；而他真正的死敌，乃是漠不关心。清洁都不注意的人，其他身外之物，当然更不注意了。

我希望此后从事艺术工作的人，第一要立大志，要成为世界上第一等人，作出世界上第一等作品。他的不朽的程度，与中国孔子、司马迁、陶渊明、李白、杜甫，外国的柏拉图、亚里士多德、但丁、莎士比亚、牛顿这一类人等量齐观。千万勿甘心于一种低能的模仿一家，近似便怡然自足，若是如此，可算没出息；若真如此的话，吾人热烈期待文艺复兴便无希望，恐怕我们已往的敌人，倒完成他们的文艺复兴了。这是多么需要警惕的事呀！耗费诸位宝贵的光阴，谢谢！

新艺术运动之回顾与前瞻

中国科举制度，桎梏千年来无数英雄豪杰，其流弊所中，遂造成周遍的乡愿。绘画原是职业，从文人画得势，此业乃为八股家兼职——凡文化上一切形式，苟离其真意，便成乡愿；八股当然为乡愿之正式代表——于是真正画家，被贬为不受尊敬之工匠。王维脱离印度作风，建立纯粹之中国画，却不料因其诗名，滋人妄念，泽未千年，竟致断送了中国整个绘画。天下一切事理之循环，往往如此，不可不深长思也。

夫人之追求真理，广博知识，此不必艺术家为然也；唯艺术家为必需如此，故古今中外高贵之艺术家，或穷造化之奇，或探人生究竟，别有会心，便产杰作。但此意境，与咬文嚼字无关。中国千年来，以文章取士，发明八股，建立咬文嚼字职业，不知若仅仅如此，亦低能中之颇低者也。此段空论，似与艺术无关，但真正艺术品之产生，与夫文化史上大杰作之认识，必须具此精湛之思想，否则必陷于形式一套，欲希望如汤之盘铭，所谓德之日新又新，必不可得也。

中国艺术史，极少划时代之运动。如欧洲之浪漫主义、印象主义等等。但南宋既亡，院体随绝，隐逸之士，多写山水，仍绍王维之绪，如元代诸家。明虽不振，但天才辈出，如沈石田、仇实父、陆包山及陈老莲，俱是巨匠，不让前人。顾董其昌借其名位，复是大收藏家，于是建立一种风气，乃画家可不解观察造物，却不可不识古作家作风与派别，否则便成鄙陋。此则不仅以声望地位傲人，兼以富厚自骄，恶劣极矣。于是遂有四王，遂有投机事业之《芥子园画谱》。此著名之《芥子园画谱》，可谓划时代之杰作。因由此书出版，乃断送了中国绘画。因其便利，当时披靡，八股家之乡愿学画，附庸风雅，而压低一切也。

吾于此方入正题。若有人尽量搜集三百年来之中国绘画，为一盛大展览，吾敢断定其中百分之九十二为八股之山水。其中有极为稀少之人物画。此外若冬心、板桥、石谿、八大、石涛、瘿瓢等作品，合占百分之七八而已，其黑暗如此。

古之文人画，原有其高贵价值。不必征诸古远，即如冬心之桃花，未见其匹也。板桥画竹，亦维持记录至于今日。便无胸襟，纯以艺论，二人已足不朽！并非如末世文人画之言之无物也。夫有真实之山川，而烟云方可怡悦。今不把握一物，而欲以笔墨寄其气韵，放其逸响，试问笔墨将于何处着落。固有美梦胜于现实生活，未闻舍生活而殉梦也。虽然，中国文人舍弃其真感以殉笔墨，诚哉其伟大也。

太平天国之后，上海辟作洋场。艺术家为糊口计，麋集其地。著名画家如任渭长、阜长兄弟，与渭长之子立凡，尤以中国近世最大画家任伯年生活工作于此，为足纪。诸人除立凡以外，皆宗老莲。尚有吴友如为世界古今最大插图者之一，亦中国美术史上伟人之一。若吴昌硕、王一亭亦皆曾受伯年熏陶者也。

艺术家树立新风，被诸久远。而学校之设立，亦为传播艺事之工具。其开风气者，如南京之高等师范，所设之艺术科，今日中央大学艺术系之先代也。至天主教之入中国，上海徐家汇，亦其根据地之一。中西文化之沟通，该处曾有极珍贵之贡献。土山湾亦有习画之所，盖中国西洋画之摇篮也。其中陶冶出之人物，如周湘，乃在上海最早设立美术学校之人；张聿光、徐咏青诸先生，俱有名于社会。张为上海美术学校校长，刘海粟继之。而刘尤为蔡元培、叶恭绰诸氏所赏识。其画学吴昌硕、陈师曾，亦模仿法国女画家 Rosa Benheus 作品。汪亚尘画金鱼极精，设新华艺术学校，亦上海艺术家集合之中心也。

十八世纪意大利米兰人郎世宁，曾为乾隆供奉。以西洋画画于中国素绢上，渲染精细，颇倾动一时。迨民国以来，故宫珍藏开放，郎世宁作风，又一番被模仿，但限于北京。北京虽易民国，而生活一切未改变，民国初年，画家之著者，如陈师曾、金拱北皆在是。而国立艺专于以设立。厥后齐白石，亦卜居西城，中国老画家之最有近代气氛者也。

南中以广州为最富庶，故多应运而生之杰。中国洋画家之老前辈，当首推李铁夫，今年七十余，其早年所写像，实是雄奇。惜乎二十年来，以吃茶耗其时日，无所表现。新兴之折中派，以高剑父、奇峰兄弟及陈树人先生为首，世称岭南三杰，所作以花鸟居多。此风自明林良以来已然，今益光大，俊杰辈起，克昌厥派。而潮州尤多才艺之士，其前途未可量也。

中国自身之革命，苏联之革命，世界之两次大战，皆在此三十年中。各国为所掀起之文艺波澜，自不一致。但其最显著之事实，乃民族思想之尖锐化。此在大同主义实现以前，各文化特质之一番精滤，而吾国绘画上于此最感缺憾者，乃在画面上不见"人之活动"是也。

吾所期于人之活动者，乃欲见第一第二肌肉活动及筋与骨之活动。管他安置在英雄身上或豪杰身上，舟子农夫固好，便职业强盗亦好。因为靠着那几根骨头，那几根筋之活动，吾人方有饭可吃，有酒可饮，有生可乐，而有国可立。这种活动，在画面上，宽衣大袖，吊儿郎当之高人，是不参加的。

我只求画中人身体上那几个部门活动，颇不注意他的社会阶级。有许多革命画家，虽刊画了种种被压迫的人们，改变了画风，但往往在艺术本身，无何等贡献。

有此观察，艺术家职责方无可躲避；有此观察，艺术家方更有力量；发掘自然之美，而吾国传统之自然主义，有继长增高的希望。中国前代典型之文人即日少一日，则其副业之文人画只余残喘。但吾非谓艺术家固当居于茫昧，胸无点墨，而退出文人以外也。相反的，艺术家应更求广博之知识，以美备其本业，高尚其志趣与澄清其品格，惟不甚需咬文嚼字之低能而已。

抗战改变吾人一切观念，审美观念在中国而得无限止之开拓。当日束缚吾人之一切成见，既已扫除，于初尚彷徨，今则坦然接受、无所顾忌者，写实主义是也。而国际画商大组织投机事业之法国达达派、德国表现派、意大利未来派、日本二科等等，在中国原立足不稳，今尤遭受大打击，不再容留于吾人脑海中。此类投机分子，三年来销声匿迹，不再现形于光天化日之下。战争兼能扫荡艺魔，诚为可喜，不佞目击其亡，尤感痛快。而当日最为猖獗之法国巴黎，命运如此，亦使人发深省也。

图案美术，本为吾国文化上光荣之一。惟革命以还，吾人之生活方式，迄不得一当，礼乐既坏，器用大窳。抗战之后，吾人将知此后如何生活，经济问题，必得将安定，则此类装饰生活之具，势须创制或改进，无可疑者。吾国之漆器，光明不远，因有沈福文君工作。吾国之陶瓷，吾国之织物，必将再现先人光烈，因吾国今日固不乏卓绝之专家从事于此也。

开发西蜀，汉人之奇迹出现于世，新津出土之汉代浮雕，乃中国美术上无上之奇——画家与雕刊家，俱于此得导师，豁然获见吾族造型艺术上之原有精神——简朴而活跃，可称世界美术中最具性格之作。若成都省立博物馆中十余大片之汉石刊，与华西大学不少汉塑，皆昔人绝未寓目之珍品。吾人对之固无异十八世纪末年庞贝及赫古诺姆古城之发现，而奠定欧陆洛可后之古典主义也。抑吾壮烈之抗战史实，既足以激荡吾人之灵魂，而吾先民之伟制，适于同期出世，昭示吾人其阔大雄奇作风。倘文艺而不复兴，吾国此际艺人，何颜而立于人世乎？尚欲坚守四王灵幡，而抱残守缺乎？尚欲乞灵于马蒂斯乎？尚欲借重八大山人之名，以掩饰斑点乎？噫嘻！

中国艺术家当前之危机，厥为生活艰难，自昔已然，于今为烈，作家资艺谋生，多所贬节；而初学者，亦图急功近利，无远大抱负。政府只知迁就事实，守着有饭大家吃的政策，不肯毅然有一显明之褒贬，可云遗憾。

油绘在中国，已建立健全基础，倘此群作者，再吸孔、墨、老、庄、马、陶、李、杜等人所制之乳，便不难将 Awaro Kideshevara 变成送子观音，明眸皓齿，家家供养。

中国之新雕刻家，俱无良好健康，而小品太不发达，极为憾事。因定件不可强致，且自动之工作，方为艺术家正常生活工作。惜诸公未留心塔纳格拉、麦利纳、汉人、北魏人、隋唐人之作俑者，活泼天真也。

吾于是想念木刻名家古元。彼谨严而沉着之写实作风，应使其同道者，知素描之如何重要。总而言之，写实主义，足以治疗空洞浮泛之病，今已渐渐稳定。此风格再延长二十年，则新艺术基础乃固。尔时将有各派挺起，大放灿烂之花。

中国艺术的贡献及其趋向

中国艺术对世界的贡献，我们自己倒似乎不大在意，而在欧洲各邦以及日本的学者却对之异常关切，深为赞美。其最简单的原因是中国艺术的发展早于欧洲一千多年；当中国艺术已经达到成熟圆满的时期，欧洲的艺术还在萌芽襁褓之际。但仅有悠久的历史也不一定有光辉的成就，又好在中国地大物博，天赋甚厚，西有嵯峨接天的雪山，东临浩渺无涯的沧海，有荒凉悲壮的大漠长河，有绮丽清幽的名湖深谷，更有许多奇花异草、珍禽怪兽——艺术家浸沉于这样的自然环境，故其所产生的作品，不限于人群自我，而以宇宙万物为题材，大气磅礴，和谐生动，成为十足的自然主义者，和欧洲文明的源泉古希腊的艺术，恰好是一个鲜明的对比：希腊艺术完全在表现人的活动，不及于"物"的情态。这种倾向的影响在西方既深且久，所以欧洲至今仍少花鸟画家，而多人像画家。

中国艺术在汉代已经达到很高的水准，且汉代艺术可算是中国本位的艺术，其作品正所谓大块文章，风格宏伟，作法简朴。最近在四川出土的汉代石刻画，其中有一幅是一个人以树枝戏猴，姿态极其自然生动，具有最大的艺术价值，确是一件杰作，可见当时的中国艺术已能充分发挥自然主义的精神。不过从后汉到唐代，约有六百余年，中国艺术受了印度的影响，尤其是佛像画，大多感染了印度的作风，已看不出汉画的精神。这时的题材也较偏重于理想的宗教画和人物的故事画，甚少对自然的兴感。直到大诗人王维出世，才建立了新的中国画派，作法以水墨为主，倡画中有诗，诗中有画，成为后世文人画的鼻祖，也完全摆脱了印度作风的束缚。

也许我们不免艳羡欧洲文艺复兴时期的光辉灿烂，可是他们直到十七世纪还极少头等的画家，也没有真正的山水画。而中国在第八世纪就产生了王维。王维的真迹现在已成为绝响，但他的继起者如范宽、荆浩、关仝、郭熙、米芾诸人，现在还留有遗迹，如故宫所藏范宽的一幅山水，所写山景，较之实在的山头不过缩小数十倍，倘没有如椽的大笔，雄伟的魄力，岂能作此伟大画幅！又如米芾的画，烟云幻变，点染自然，无须勾描轮廓，不啻法国近代印象主义的作品。而米芾生在十一世纪，即已有此创见，早于欧洲印象派的产生达几百年，也可以算得奇迹了。

中国自然主义的绘画，从质和量来看，都可以占世界的第一把交椅，这把交椅差不多一直维持到十九世纪，欧洲才产生了几位伟大的风景画家，能够把风雨晴晦、朝雾晚霞表现得非常完美。过去中国所能做到的，他们已能用另一种面目来完成；而我们自己，倒反而贪恋着前人的成就，逐渐消失了对自然的兴感和清新独创精神！

可是中国的花鸟画，在世界艺术的园地里还是一株特别甜美的果树，也许因为中国得天独厚，有坚劲而纯洁的梅花、飘逸的兰草、幽秀的水仙，这些在世界上都要算奇花异卉，为他国所无而又确实能表现中国艺人的独特品性，中国民族的特殊精神。因此中国产生了许多伟大的花鸟画家，如宋徽宗、徐熙、黄筌、黄居寀、崔白、赵昌、滕昌祐等，作品均美丽无匹，直到现在全世界还没有他们的敌手。此外，我国的漆器、丝织品、玉器、瓷器等，亦有极大的艺术价值；尤其是玉器，是世界艺术的一朵奇葩。

在建筑雕塑方面，我国深受印度的影响，如唐代的各种洞庙，完全是模仿印度的，其中有些佛像简直是从印度而来。现在印度的洞庙据统计还有一千多个，单是孟买附近七八世纪时的洞庙还有五十多个。所以，在雕刻及寺院建筑方面中国没有什么特殊的建树；可是在绘画方面，中国虽曾受印度的影响而没有失掉根本的精神，这种新影响正是以使其更加发扬光大。印度在中古时代，虽亦曾受中国的影响，但并没有繁殖开花。当中国的绘画已经成熟，达到崇高典雅的时期，印度的绘画仍停滞在孩提时代。

我国的绘画从汉代兴起，隋唐以后却渐渐衰落，这原因是自从王维成为文人画的偶像以后，许多山水画家都过分注重绘画的意境和神韵，而忘记了基本的造型。结果画中的景物成为不合理的东西，毫无新鲜感觉的东西，却用气韵来做护身符，以掩饰其缺点，理论更弄得玄而又玄，连画家自己也莫名其妙，如此焉得不日趋贫弱！

到了南宋时期，高宗在杭州建都，太湖附近成为中国绘画的核心垂七八百年之久。元初文人画发展到最高峰，但已丧失了庄严宏伟的气象。到董其昌时，由于他多才多艺，收藏又丰，成为当时文人画的中坚。但他每幅画都是仿前人，一笔一点，都是仿某某笔——其本意或系谦虚，一面表示师古不敢独创，一面表示不敢掠人之美。不过此风一开，大家都模仿古人，仿佛不模古就不是高贵的作品，独创性消失净尽。尤其是《芥子园画谱》，害人不浅。要画山水，谱上有山水；要画花鸟，谱上有花鸟；要仿某某笔，他有某某笔的样本。大家都可以依样画葫芦，谁也不要再用自己的观察能力，结果每况愈下，毫无生气了！

绘画的老师应当不是范本而是实物。画家应该画自己最爱好又最熟悉的东西，不能拿别人的眼睛来替代自己的眼睛。在四川，峨眉山极其雄伟，青城山极其幽秀，三峡极其奇肆，四川人应当能表现它们，何必去画江南平淡的山水；广西人应当画阳朔；云南人应当画滇池洱海；福建有三十多人不能环抱的大榕树，有闽江的清流，闽籍女子有头上插三把刀的特殊装束，都是好题材，而林琴南先生却画那些八股派的山水，岂不可惜！还有一位甘肃人画竹子找我看，我告诉他从甘肃走一千里还看不到竹，为什么要画和自己那样疏远的东西呢？一个人宁愿当豆腐店老板，不要当大银行的伙计，因为老板有主张有自由，才谈得上表现；伙计丝毫没有自由，只是莫名其妙，胡乱受人支配而已。

所以艺术应当走写实主义的路，写自己所不知道的东西既是骗人又是骗自己。前人的佳作和传统的遗产，固然应该加以尊敬，加以研究和吸收，但不能一味因袭模仿。假如我们的艺术作品要参加一次国际展览，只要稍不小心，一定会有千篇一律山水，或者尽是花鸟，或者画面上全是长袖高髻的美女、道袍扶杖的驼背翁。也许竟完全看不到地大物博的中国、现代力求自强的中国，这岂不是现代中国画家的耻辱？

过去我们先人的题材是宇宙万物，是切身景象，而且有了那样光辉的成就，我们后世子孙也该走这条路，不要离开现实，不要钻牛角尖自欺欺人，庶几可以产生伟大的作品，争回这世界美术的宝座！

美术工作的意见和经验

在北京市文代会举行前夕，承《光明日报》记者以若干问题见询，兹分答于下：

（一）我参加文代会的希望和感想。

在反动派统治时代，文艺工作不被重视，进步的文艺工作者随时遭受迫害，绝不可能大规模地联合在一起开会。

北京市文代大会的召开是值得欢欣和庆贺的，希望借这个大会更进一步加强北京市文艺工作者的团结和联系，希望北京市文联产生后积极领导和推动北京市的文艺工作，为迎接即将到来的文化建设高潮作好准备。

（二）我对当前美术工作的意见和经验。

首先，我要提出改进中小学美术教育的要求，在国民党统治时期，绝大多数的中小学美术教师本身就缺乏素描基本训练，缺乏对美术的正确认识，叫学生坐在课堂里画山水，甚至老师用粉笔在黑板上画好一幅人造山水，叫学生在纸上临摹，不鼓励学生写生，不启发学生的想象力，不训练学生运用眼睛观察事物，也没有石膏模型的设备，直到解放后，人民政府才注重科学化的教育，虽然部分的学校有了一些改进，但真正能将美术教育进行得很好的仍是极少数。

我们的许多从业者在进入工作时，常常都感到根基不坚实，特别是在画人物的创作中，归根结底是由于精确的人体解剖模型太少，如果中小学普遍制备这种模型，使学生将模型的前后左右，四面八方描绘熟练，不仅解决了画人物的困难，而且可以配合讲解生理知识，如果十岁左右或至少十二三岁的孩子能写好一具正确的人体解剖模型，上述的重要问题就解决了一大部分。

中小学美术教育必须以培养学生的想象能力和观察能力为主，必须提高学生对美术的兴趣，灌输正确的美术知识，各校应当制备适当的石膏模型和世界名画图片，特别是廉价而又很好的苏联出版的图片，让学生时常观摩。这样，可以帮助他们在将来学习任何专门科学时，都具备了适当的必需的美术常识，就如学美术的人需要具备科学常识一样，而其中有志于专门学习美术者，也可以预先打下一个很好的基础。

在新中国的文化建设工作中，正急切地需要培养大批优秀的美术干部，所以关于中小学美术教育的改进问题是非常值得重视的。

以上是根据我三十年来从事美术专门教育所获的一点经验和意见，希望全国各地美协能就此问题展开讨论。

其次要谈的是：艺术与政治结合、接受遗产、普及和提高的问题。

艺术必须与政治结合，必须在启发群众和教育群众上起一定的作用，我们美术工作者应走的道路，无疑是现实主义的道路，现在服务于各部门的美术工作者，都在积极学习政治，学习马列主义和毛泽东思想，但是其中也有若干精通政治者，缺少掌握足够应用的美术修养，这种现象是需要改进的，而且也是不难改进的。

遗产未加仔细整理以前，不通过精密考虑而接受的，可能不是我们的优良遗产，真正优良的遗产是值得珍视的。今日的苏联，已经把帝俄时代的一切优良传统都继承了下来，在美术方面也是如此，苏联的美术工作者，不仅继承了本国优良的遗产，而且还正确地吸收了一切西欧文化的优点，再加上社会主义的内容，因此才能创出新的完美的形式，获得极其光辉的成就，这是一条正确的道路，可供我们借鉴。

最后要谈普及和提高问题，我认为一件作品只求大众喜闻乐见是不够的，大众喜闻乐见固然是必要条件，但进步的完美的形式也必须讲求。例如苏联现代美术，一面与形式主义作斗争，而自身不陷于学院体的泥淖，每一个优秀作家在具备民族形式和社会主义内容上，都有各个不同性格的表现，并非千篇一律的东西，所以集合起来，成了一个光辉灿烂的时代。比如我们现在拿学院体的东西给大众看，大众不懂得它是滥调，很愿意接受。又如我国一种极细致的绘画和雕刻，常常比例不称，如头大身子小，而大众也极喜爱，退一步说，即使能达到比例正确、表情周到的人物，但因为如此琐碎及平均主义的作风，缺乏简练、扼要，不能达到现实主义所要求的：提炼主要的内容，用扼要的形式表达，上述两者就艺术观点来看都是不很好的东西，这里，我只提出初步的意见，以后有暇，当作一篇专文讨论。

所以我认为在普及中应同时注重提高，假如只求普及，忽略了提高，那么我们的美术工作将停滞在一条口号式的道路上。

（三）我今后在文艺岗位上的工作和计划。

我预备集一部东方和西方著名的素描，一百幅左右，附带写一篇如何进行学习素描的简短文章，可供一般研究美术者欣赏和参考，再集一部东西洋著名绘画和雕刻（中国遗产包括在内）约四百幅单页不装订的杰作一大部（重要建筑包括在内）作为普通教育常识之用，中小学校及民众教育馆等可以分页装饰一个陈列室，供学生及大众观摩欣赏，也可以收到提高大众审美观念之效。

我现在正着手绘制一幅四码宽、两码高的《人民的毛主席》大油画，想在大暑以前完成，六年以来，我因为患血压高症，几乎完全失去重作油画的兴趣，在我目前仍不健康的高血压情况下来进行这样巨幅的油画创作，是需要极大的勇气和热诚的，而这种不能自抑的勇气和热诚的产生，是由于毛主席的伟大革命事业的感召。

《艺术副刊》发刊词

古今妄人，辄视艺术为末技。鄙意以为果有雄才大略如安来克桑特大王，或如凯撒，或如唐太宗，或如拿破仑，或如巴斯德，或如爱迪生其人者，怀海撼地负之气，具旋转乾坤之功，叱咤风云，震摇山岳，登斯民于衽席，放光明于俄顷者，其视刻鹄雕虫之人，诚乎其末技矣。顾 Lissips 未尝因安大王而缩小其才能，普鲁东大卫辈，皆为拿皇尊重。不若末世斗筲之器，岸然自大，怀才之世，行吟无告也。然世有公道存焉。吾于前年初春，为第三次旅行欧洲，乘德舟盎特来勒朋，得识其副船长某君，谈甚相得，因导观其全船结构，凡发动机燃料之安置、水电之往来、气候之测验、方针之转动与其人事组织之精密完善，有如人身耳目手足肠胃心肺，运行自如，健康安乐。置身其中者，畅然觉其舒适，未知如此繁颐之大鱼，其一鳞一鳍，皆人工之所为者也。此世界若法若德若英若意若美若苏联日本荷兰比利时西班牙瑞典等等，皆具无量数同样庞大或更大复颐之舟，特其建造此海市之伟人，其名殆尽不为人所识。乃有侥幸之小人，好捏塑涂抹，滑稽玩世，造作粗腿女子、凹凸镜人物、黑漆山水、三六角风景、八脚之猫、方形之树，定制所谓形形式式，强词夺理之人造自来派。自著文章，号谓天才，张于市朝，引人笑骂，造成偶像，用以敛财，若今日巴黎柏林画商朋比之大运动所演成之艺术。其为通人所齿冷、贤明所鄙视者，盖有由矣。虽然，云雾蔽天，日月之明永在；横流满地，江河之位难移，凡秉自然之正体，具明朗之双眸者，俱能领略造化之功，艺术之美，终不以被辞邪说，惑其直觉。鄙夫殊尚，弃其恒情。此本刊欲以不断之努力，挽今日浅艺之浇风，其第一志愿也。庶几荆棘既除，用存芳草，群淆既至，汝慰日深，再至则再深，愈至则愈深。然则帝之为吾计，亦克云全，吾诚不当有以致憾于帝，若人之不以此受帝慰者，其亦获其他慰情乎？如吾于此其至乎，人亦将无有致憾于帝。大哉巍巍乎，帝之力耶。

与《时报》记者谈艺术

治艺者不明技术（Technique），虽目摹手追，犹难以为功。技术（Technique）者，经也，治艺之常道也。此经之定，乃历世大艺人本其天赋之智，深赜之学，成其结构，赠予后人，即所谓美术上古典派也。后人综合造化万象，亦潜心古典（Classique）何者？欲知古人对于造物取舍综合之道也。盖吾人穷一生之力，御造物之博之繁，理之纂之，必有不济，故宜假道于先哲，循其定程以节吾径，而吾更以余力增益其不足；即无所增益，吾取精用宏，坚韧壮实，体格健全。其发也，恒气度雍容，不患窘促，是古典派乃为吾研艺节程之资，若抟药成丸，聚香为精，便我取养。夫世既有此节程之道，偏欲迂回远绕，而仍趋欲抵之巅，宁非天下大愚？今之作者，辄好言改弦更张。夫改弦更张，宜先熟审其琴，知所谓更张者，不妄动否，是治艺之必须研究先哲作品，可无疑也。但文艺之兴，皆有其境遇，即艺人之玄想，亦不能离其境遇所受之基。故吾今日对于国人之治艺，尤主张研究中国艺术上古典主义，亦熟习其径，而冀更节吾径而已。如宋人之设色（Coloration），辉煌而娴雅，其他且不遑殚述。今之人校治艺者，三年即为人师，其艺之不足，自不待言。吾尤恐其于艺之常道且不解也。其褒贬古今之无当，指迷之乏术，解释之失真，更无论矣。图其易也，其弊竟至于此。古有大家而不能师人者，乃其精力独诣，不事博综，良师在熟谙技术（Technique）而已。日本洋画师多不学，吾国艺人适问道于盲，致美术 Classique 圣地，毒焰披靡，妖氛缭绕，驯至写人体不解所谓调色 Ton，色之组合不务精密 Delicatesse，降而及于工艺服饰，则无所谓 Gout。呜呼，此岂所以为艺耶！（吾国宋人用博色，善能得色泽之和，元人之渲染，尤能体会物象之微，乃所以为粹也。今弃其粹，又不解人之粹，甚矣其懵也。）派之云者，真相一面之专工也。意大利处南方，光力烈，举目所触，悉清晰明显，其画因重线划，画中人动作，多曼妙有致，略同雕刻之形。荷兰则不然，其地滨北，天色晦，其画乃工明暗之道。法之籍里柯，嫉当日大卫一党画风，舍宗教皇室神话，便无命题，成馆阁体，乃以其伟作《覆舟》示世人，而创近情派（或浪漫派）。德拉克洛瓦继之，其作如《但丁和维基尔在地狱》《希阿岛的残杀》等，俱不世出之杰构也。厥后库尔贝、米勒又以为无物不足入画，徒问能善写否耳，乃倡写实主义。勒班习又觉前此画人所作不重景色，乃建外光派、印象派。觉美在气韵，谓精摹曲写，每得其形而失其神，乃欲与人见物时最初之一印象，而补历来各派之不足。是说兴，于是贤者过之，不肖者乃无勇为精到坚强之工，于是事日益衰。夫各派既专工一面之真相，则所遗必多；其兴也，承人之乏，造建元既久，人文频发其乏，而变起，新派出，殆如商周之政，或承以文，或承以敬，要皆理也。今吾国人不察派之所自起，唯以一二人之私爱殊嗜，大唱印象派，其不知学亦太甚矣。驯至人尚未知摹，便欲敷色，其色之如其处否，不问也，护其短其陋，托派曰印象。夫印象派且不满足专攻于物体之形，必也与之以魂。所谓气韵者，方称美妙，其严格如此。故格连尔、倍难尔、马尔当、塞冈弟尼所以伟大也，岂徒乘马奈、塞尚之敝而称能也哉！是李卜曼、科林德之陷溺，倚老卖老，欺世盗名，不知羞耻，而东人士尤而效之。夫既自丧其天以效人，必又以效伯夷者为奴性，效盗跖者为豪放，海上有逐臭之夫，诚可叹也！

艺之至者，恒不足于当前现象。故艺分二大派，曰写意，曰写实。世界固无绝对写实之艺人，而写意者亦不能表其寄托于人所未见之景物上，故写实之至人如罗丹，其所造人如有魂。善写意者如夏凡，其一切形态俱含神理。且艺人之至者，自不立派，故能上天下地，成其伟大，后人始以何派归之耳。Phidias，不知其为何派也，Michel-Ange，Vinci，Titian，Raphael，不知其为何派也，Rembrandt，荷兰人，Velazquez，西班牙人，不能以写实派括之也。彼唯以写实为方法，其智能日启，艺日新，愿日宏，志日大，沛然浩然，倾其寥廓之胸襟，立峻极之至德，其象其色，高贵华妙，乃为人意想中之美。其近于物者，谓之写实，入于情者，谓之写意，惟艺之至者方能写意，未易言也。

治艺之大德莫如诚，其大敌莫若巧。欲大成者，必先去其巧，因巧于小事最见功，而能阻人之志，长人之骄，坠人之毅，故穆落脱史皇（英大动物画师及雕刻师）、左恩、特鲁勃斯可依，幸生欧洲精深典丽 Classique 之邦，克致其巧于深造，脱生他邦，殆难言。抑吾犹惜彼等之巧太甚，累其大业也。吾国最手巧之艺人，推任伯年，任之成也，功在其双勾，故体物象至精，用笔虽极纵横驰骋之致，而不失矩矱。他人之巧，唯解笔飞墨舞，乱涂而不中绳，亦复何奇！艺人之敏者，亦必手写一物至千遍方熟，中人必二千遍，困而知之者必五千遍，庶得收庖丁解牛之功，见乎作品，方能游行自在，未纯熟而精慎者，曰能品，不足跻乎神妙也。不慎而奇者，曰野，足布其惰者也。

故达仰先生、美薄奈先生曰：是人至年九十尚不懈其力，信乎有守者矣。若埃倍尔年七十，用色益隐艳有进功，但于摹则弛，得失不相偿也。今国之少年艺人，才学执笔，便欲拟伯年、左恩，其不自量，实至可叹。长此衰颓，不惟雄古茂密浑博精深之作今日不见，便隔一千年，亦必不得见也。噫！人之属望于吾华人者，将何以报之？

故欲振艺，莫若惩巧；惩巧，必赖积学。不然，巧徒遇浅学之师，不旋踵逾之矣，将恣横不可制。是国家博物院之设，名作之罗致，诚不容缓也。盖人之大者，恒不满于并世侪伍，又无古人为之友，是绝人也。故欧洲近世艺事之昌，在广开博物院，有经常之则，有问道之师，有攻错之友，于是艺人得深培厚植，本固枝强，而结果弥硕。善夫！孟子之言曰："五谷者，种之美者也，苟为不熟，不如稊稗。"信矣夫！

关于范人（Model），法音曰莫代尔，殖民地人曰模特儿，实模范楷则之意（即谨慎威仪、唯民之则，及不僭不贼、鲜不为则之则字意）。故吾对写吾父，吾父即吾之范人；对写吾母，吾母即吾范人。吾前日曾郑重举希腊艺术之所以昌，中古时代艺术之所以衰，以告国人，皆揭橥确写人体之义以证实之。今更申言之，使有吾仇，立范人以教人治艺，吾亦赞誉之。何者？以其知务本也。顾闻人言神圣之模特儿，乃大不利于众口，吾在欧先后所佣男女范人，数殆五十余，忆在德时所见不下千人，在法所见不下两千人，但仅为吾所见五分之一而已。人之恒愿，莫愿于不朽。范人之能，不至不朽，唯以所秉一枝半节之美姿，供艺人摹写，入其幅员，遂足千秋。如 Maryx 自至美，苟不借 Delaroche 之笔，何以驻其容颜？此盈千累万欧洲范人之多也。其业正当，从未有人薄之者。范人且自夸曰出入于声名盖世者之门，因文豪与乐师，多与画师雕师接近，过从每极密。范人借其业，得识社会上无数大文豪、大乐师，皆恒人欲接一谈以为快为荣者也。故范人性多豪放简率，有中国名士风，富于情感，一如艺人，往往一批评家欲作一名人传，从其口中索逸事，资掌故，作谈噱，绝不闻诲淫。吾愿论淫。

凡人淫念之起，莫剧于见女人之"也"，无他，以其隐之深，所以独占无上神秘。降而见女人之酥胸动念，见腿见足亦动念。见不动念者，唯手，何者？以其见惯也。夫见惯则淫念遏，是范人即不为艺之用，且为功矣，矧其为治艺必不可少之物哉！少见多怪，良可哂矣。可恨者，投机之人往往假神圣品物炫奇作怪以贸利，但论者必明辨是非，攻其恶者以全其良者。今也神圣之模特儿 Model，乃为黄帝子孙口中丑语，几可用以骂人，不亦慎乎？

古今中外艺术论

　　学问云者，研究一切造物之通称。有三人肩其任：述造物之性情者，曰文学；究造物之体质者，曰科学；传造物之形态者，曰美术。

　　夫人生存之最主需要，曰衣，曰食（或竟曰食，因赤道下人不需衣）。吾则以为衣食乃免死之具，而非所以为生也。人生而具情感，称万物之灵，故目悦美色，耳耽曼声，鼻好香气，口甘佳味。溯美术之自来，非必专为丰足生活之用（满足生活或为饰艺起源），盖基于一时热情（热情或为纯粹美术起源），欲停此流动之美象。是故吾古先感觉敏锐之祖，浩歌曼舞，刻木涂墁，留其逸兴；后之绍之者，理其法，以其同样感觉，继刊木石，敷文采，理日密，法日广，调日逸，于是遂有美术。理法至备，作者能以余绪节之益之，成其体，即所谓"派（Style）"，技更进矣。是知美术之自来，乃感觉敏锐者寄其境遇；派之自来，则以其摹写制作所传境遇之殊。故文化等量齐观之各族，相影响，相融洽，相得益彰，而不相磨灭。是境遇之存也，劣者与优者遇，弃其窳粗，初似灭亡，但苟进步，亦能步入理法，产新境界，终非消亡也。

　　吾昔已历举欧洲美术之起源，如埃及、巴比伦、希腊，以其气候之殊，而有"裸（nu）"，中国所以不然之故，诸君当已察及。吾今更举各国境遇之异，派别之殊，如意大利美术伟大壮丽，半由其政治影响；希腊美术影响，亦赖气候之融；威尼斯天色明朗，画重色彩；荷兰沉晦，画精明暗之道，尤长表现阴影部分，皆其最显著者也。至吾中国美术，于世有何位置，及其独到之点与其价值，恐诸君亟欲知之者也。请言中国派：

中国美术在世界贡献一物。一物为何？即画中花鸟是也。中国凭其天赋物产之丰繁，其禽有孔雀、鹦鹉、鸳鸯、鹡鸰、鹁鸪、翠鸟、鸿鹄、鹧鸪、苍鹰、鹏雕、鹈鸪、画眉、斑鸠、鸦鹊、莺燕、鹭鸶，及其鸡、鸭、鸽、雀之属；花则兰、蕙、梅、桂、荷、李、牡丹、芍药、芙蓉、锦葵、苜蓿、绣球、秋葵、菊花千种，皆他国所希，其他若玫瑰、金银、牵牛、杜鹃、海棠、玉簪、紫藤、石榴、凤仙之类，不可胜计。

花落继以硕果，益滋画材，故如荔枝、龙眼、枇杷、杨梅、橘柚、葡萄、莲子、木瓜、佛手，益以瓜类及芋蔬，富于欧洲百倍。又有昆虫，如蟋蟀、螳螂、蜻蜓、蝴蝶等，兽与鱼属不遑枚举。热带人民逼于暑威强光，智能不启，而欧洲虽在温带，生物不博。惟吾优秀华族，据此沃壤，习览造物贡呈之致色密彩，奇姿妙态，手挥目送，罔有涯涘。用产东方独有之天才，如徐熙、黄筌、易元吉、黄居寀、徽宗、钱舜举、邹一桂、陈老莲、恽南田、蒋南沙、沈南苹、任阜长、潘岚、任伯年辈，汪洋浩瀚，神与天游，变化万端，莫穷其际，能令莺鸣顷刻，鹤舞咄嗟，荷风送香，竹露滴响，寄妙思，宣绮绪，表芳情，逞逸致，搬奇弄艳，尽丽极妍，美哉洋洋乎！使天诱其衷，黄帝降福，使吾神州五千年泱泱文明大邦，有一壮丽盛大之博物院，纳此华妙，讵不成世界之大观？尽彼有菲狄亚斯塑上帝、米开朗琪罗凿《摩西》、拉斐尔写《圣母》、委拉斯开兹绘《火神》、伦勃朗《夜巡》、鲁本斯《下架》、德拉克洛瓦《希阿岛的残杀》、倍难尔《科学发真理于大地》，吾东方震旦有物当之，无愧色也。一若吾举孔子、庄周、左丘明、屈原、史迁、李白、杜甫、王实甫、施耐庵、曹雪芹等之于文，不惊羡荷马、维基尔、但丁、莫里哀、莎士比亚、歌德、雨果也。吾侪岂不当闻风兴起，清其积障，返其玄元？

吾工艺美术中之锦，奇文异彩，不可思议。吾游里昂织工博物院，院聚埃及八千年以来织品；又观去年巴黎饰艺博览会，会合大地数十国精英，未见有逾乎此美妙也，而今亡矣。问古人何以致之？因吾艺人平日会心花鸟之博彩异章，克有此妙制也。日本百年以来，受吾国大师沈南苹之教诲，艺事蔚然大振，画人辈起，其工艺美术，尽欲凌驾欧人而上之，果何凭倚乎？是花鸟为之资也。青出于蓝，今则蓝黯然无色已。欧洲产物不丰，艺人限于思，故恒以人之妙态令仪制图作饰，其所传人体之美，乃为吾东人所不及。亦惟因其人体格之美逾于我，例如其色浅淡，含紫含绿，色罗万彩；其象之美，因彼种长肌肉，不若黄人多长脂肪，此莫可如何事。故彼长于写人，而短于写花鸟；吾人长于花鸟，而短于写人，可证美术必不能离其境遇也。

中国艺术，以人物论（远且不言），如阎立本、吴道子、王齐翰、赵孟頫、仇十洲、陈老莲、费晓楼、任伯年、吴友如等，均第一流（李龙眠、唐寅均非人物高手），但不足与人竞。山水若王宰，若荆关，吾未之见，王维格不全，吾所见最古为董巨，信美矣。若马远、刘松年、范宽及梅道人，亦有至诣。至于大、小李将军，大、小米及元其他三家，皆体貌太甚，其源不尽出于画，非属大地人民公共玩赏之品，虽美妙，只足悦吾东人。近代惟石谷能以画人自然，有时见及造化真际，其余则摹之又摹，非谓其奴隶，要因才智平庸，不能卓然自立，纵不模仿，亦乏何等成就也。

是故吾国最高美术属于画，画中最美之品为花鸟，山水次之，人物最卑。今日者，举国无能写人物之人，山水无出四王上者，写鸟者学自日本，花果则洪君野差与其奇，以高下数量计，逊日本五六十倍，逊于法一二百倍，逊于英德殆百倍，逊于比、意、西、瑞、荷、美、丹麦等国亦在三四十倍。以吾思之，足与吾抗衡者，其惟墨西哥、智利等国。莫轻视巴尔干半岛及古巴，尚有不可一世之画家在（巴尔干半岛之大画家名 Mestrovik）。

吾古人最重美术教育，如乐是也，孔子而后亡之矣。两汉而还，文人皆善书，书源出于描，美术也。其巨人，如张芝、皇象、蔡邕、钟繇、卫夫人、羲之、献之、羊欣、庾征西等，人太多不具论。于绘事，吾国从古文人多重之，如谢灵运、老杜、东坡，或自能挥写，或精通画理，流风余韵，今日不替。如居京师者，家家罗致书画、金石碑版、古董、玩具、饰物些许，以示不俗。惟留学生为上帝赋予中国之救世者，不可讲文艺，其流风余韵，亦既广被远播，致使今日少年学子，脑海中无"艺"之一字。艺事固不足以御英国，攻日本，但艺事于华人，总较华人造枪炮、组公司、抚民使外等学识，更有根底，其弊亦不足遂令国亡。今国人已不知顾恺之、张僧繇、陆探微等为何人，在外者亦罔识多奈惟罗、勃拉孟脱、伦勃朗、里贝拉等为何人。顾声声侈谈古今中外文化，直是梦呓。如是尚号有教育之国家，奈何不致中国艺人艺术之颓败，或骛巧，或从俗，或偷尚欲炫奇，且多方以文其丑，或迎合社会心理，甘居恶薄。近又有投机事业之外国理想派等出现，咄咄怪事。要之艺事之昌明，必赖有激赏之民众，君等若摈弃鄙薄艺术，不闻不问，艺人狂肆，必益无忌惮，是艺术固善性变恶性矣。

吾个人对于中国目前艺术之颓败，觉非力倡写实主义不为功。吾中国他日新派之成立，必赖吾国固有之古典主义，如画则尚意境、精勾勒等技。仍凭吾国天赋物产之博，益扩大其领土，自有天才奋起，现其妙象。浅陋之夫，侈谈创造，不知所学不深，所见不博，乌知创造？他人数十百年已经辩论解决之物，愚者一得，犹欣然自举，以为创造，真恬不知耻者也。夫学至精，自生妙境，其来也，大力所不能遏止；其未及也，威权所不能促进，焉有以创造号召人者，其陋诚不可及也。

近日东风西渐，欧人殊尊重东方艺术，大画家有李季福者，瑞典人，稷陀者，德人，皆极精写鸟，尤以李为极诣，盖李曾研究中国日本画也。

里昂为法国第二大城，欧洲货样赛会，规模之大，无过里昂。论西方各国之染织业，里昂绸布可称首屈一指。上述织工历史博物馆现设商务宫之第二层楼，集全世界菁华，他地不易得也。我中国人无此大魄力，难乎其为世界一等绸业国矣。

美术之起源及其真谛

世界艺术，莫昌盛于纪元前四百余年希腊时代，不特十九世纪及今日之法国不能比，即意大利十六世纪初文艺复兴之期，亦觉瞠乎其后也。当时雅典文治武功，俱臻极盛，大地著称之巴尔堆农（Parthenon），亦成于国际最大艺人菲狄亚斯之手，华妙壮丽，举世界任何人造物不足方之。此庙于二百年前，毁于土耳其，外廊尚存，其周围之残刻，今藏英不列颠博物院，实是世界大奇。希腊美术之结晶，为雕刻、为建筑，于文为雄辩，是固尽人知之。吾今日欲陈于诸君者，则其雕刻。论者谓物跻其极，是希腊雕刻之谓也。忆尝读人身解剖史，述希腊雕刻所以致此之由，曰希腊时尚未有人身解剖之学，其艺人初未识人体组织如何，其作品悉谐于理，精确而简洁，又无微不显，果何术以致之，盖希腊尚武，其地气候和暖，人民之赴角斗场者，如今日少年之赴中学校，人即去其外衣，毕身显露，争以强筋劲骨，夸耀于人，故人平日所惊羡之美，悉是壮盛健实之体格，而每角武而战胜者，其同乡必塑其像，其体质形态手腕动作，务神形毕肖，以昭其信，以彰本土之荣。女子之美者，亦暴其光润之肤、曼妙之态，使人惊其艳丽。艺人平日习人身健全之形，人体致密之构造，精心摹写，自能毕肖。而诗人咏人，辄以美女为仙、勇士为神——神者如何能以力敌造化中害民之妖怪；仙者如何能慰抚其爱，或因议殒命之勇士。文艺中之作品，类皆沉雄悲壮，奕奕有生气，又复幽郁苍茫，芬芬馥郁，千载之下，犹令人眉飞色舞，是所谓壮美者也。一世纪之罗马尚然。无何，人渐尚服饰之巧，艺人性情深者，乃不从事观察人身姿态结构，视为隐于服内，研之无用，作品上亦循俗耗其力于衣襞珍玩。欲写人体，只有模仿古人所作而已，浸假其作又为人所模拟，并不自振，逮六世纪艺人乃不复能写一真实之人。见于美术中之人，与木偶无辨。昔之精深茂密之作，今乃云亡，此混沌黑暗之期。直延至十三世纪，史家谓之中衰时代者也。是可证艺人之能精砺观察者，方足有成，裸体之人，乃资艺人观察最美备之练习品也。人体色泽之美，东方人中亦多见之，法哲人狄德罗有言曰："世界任何品物，无如白人肉色之美者。"试一细观，人白者，其肤所呈着彩，真是包罗万色，而人身肌骨曲直隐显，亦实包罗万象，不从此研求人像之色，更将凭何物为练习之资耶？西方一切文物，皆起于埃及。埃及居热地，其人民无须被服，美术品多像之。故其流风，直被欧洲全部，亘数十纪不易，盛于希腊。希腊亦居热地，又多尚武之风。耶稣之死，又裸钉于十字架上。欧洲艺术之所以壮美，亦幸运使然。若我中国民族来自西北荒寒之地，黄帝既据有中原，即袭蚕丝衣锦绣；南方温带之区，古人蛮俗，为北方所化，益以自然界繁花异草之多，鸟兽虫鱼之博，深山广泽，佳树名卉，在令人留意，足供摹写；而西北方黄人，深褐色之肤，长油不长肉之体，乃覆蔽之不违，裸体之见于艺术品中者，惟状鬼怪妖精之丑而已。其表正人君子神圣帝王，必冠冕衣裳，绦带玉佩，不若希腊 Jupiter（朱霹特），亦显臂而露胸，虽执金杖以为威，犹祖裼，故与欧洲艺术相异如此，思之可噱也。吾今乃欲与诸先生言艺事之究竟，诸君必问曰：美术品之良恶，必如何之判之乎？曰：美术品和建筑必须有谨严之体，如画如雕；在中国如书法，必须具有性格，其所以显此性格者，悉赖准确之笔力，于是艺人理想中之景象人物，乃克实现。故 Execution（制作）乃艺术之目的，不然，一乡老亦蕴奇想，特终写不出，无术宣其奇思幻想也。

世界艺术之没落与中国艺术之复兴

诸位小姐、诸位太太、诸位先生:

今天我所讲的题目是《世界艺术之没落与中国艺术之复兴》。为什么要讲这个问题呢？一则因为吾人关切世界上一切问题，既讲艺术，当然我们需要明了世界艺术现状，恰巧这倒是可以鼓舞我们的。因为世界艺术正在没落的途径上。二则中国方从黑暗中跳出来，一切皆须寄以热烈之期望。我们在艺术方面倘能恢复到汉唐末全盛时代的水准，以及他们的造诣，就算不错，所以我提到中国艺术之复兴。但这仅仅是希望而已，并非现在已经复兴。正如侵略者刚刚摔走，而我们的身家尚未得到富强康乐一样的情形，还须得我们走向光明的道路，不断地努力，并须配合社会的正常进步方能达到中国艺术复兴的目的。我现在先讲世界艺术之没落。

世界艺术从十八世纪末年法国大革命以来，法京巴黎差不多成了他的中心，其原因因为法国大革命中文化部门的绘画领导人就是一位古典主义大画家路易·大卫，同时一位天才画家普鲁东，也是奈波来敦宫廷画师。二人出产了不少不朽杰作，奠定了此后世界艺术之基础倾向，接连籍里柯的浪漫主义，继起出个大画家德拉克洛瓦，于是写实主义的库尔贝、米勒，外光派之白习姜·勒班习，及印象派之集团，像人等，都是法国人，这几位都是运动分子。其外第一流了不起的大建筑家、大雕刻家、大画家，地位比刚刚所举的几位更重要的还有不少，所以法国一百多年来，总是据有领导世界艺术的地位。

巴黎因其在欧洲之政治地位，连带到它的一切繁荣，正因其在艺术上崇高之成就，于是巴黎即成为世界艺术之市场。目下巴黎，与其说它是世界艺术之中心，毋庸说它是世界艺术之市场。但诸位要知道，二十世纪之社会，是以经济为中心的，故巴黎既是世界艺术之市场，仍不失为世界艺术的中心，可惜它正走向末路。

因为欧洲十九世纪的帝国主义之向外侵掠，南北美洲之极度开发，人民生活达到富足之境，于是精神上要求增长。而美国商人即利用这种情势，在巴黎建立国际性之美术堡垒，资本在美金一万万者有七八家，比琉璃厂长五倍的一条大街，几乎全是美国画商。而资本雄厚之东方美术商（以中国美术为基业者），尚不在内。上述之数家在纽约、伦敦、柏林、罗马皆有支店，故其势力由操纵美术市场，进而操纵美术本身。

写实主义大画家米勒性情恬淡，久居巴比松乡间，一生未得志，迨其以后，其佳作《晚钟》为收藏家巨商购去了，价八十万法郎（约十万美金）。而印象主义群之画家，当时遭人讪笑后便大红特红，彼等之画，早时为画商收进，不过几百法郎，以后卖出便几万几十万法郎，于是画商想，这个是一本万利的好买卖，但不能持久，必须捧起新的人来，使此买卖永远不绝，方是办法。又是捧出存货甚多而不知名之作家，方有利可图。此中我加进一支插曲：一九三三年夏，我在巴黎名画家倍难尔座上，遇一某省美术会会长，述某画商买进塞尚作品故事，当某画商思各名家作品转手日少，忽想当年参加印象主义群中，一位画甚拙劣之塞尚。塞还有每年收入资金十万法郎之小资产阶级，即探其家居，乡间访之。此时塞尚已死去，其夫人寡居，画商入门言欲一观塞先生之画，塞夫人即导客厅，又开画室之门，任客观览。客即向塞夫人建议，愿以五十万法郎，购塞尚先生之画。夫人受宠若惊。默念其夫在日从未卖去一幅，今乃有人出巨资图收购其画，其中必有缘故，但又不愿失去机会，即答曰：我至少要保留客厅中所陈列者，作先生纪念。客亦不强，只需夫人允诺，决不卖与别人之条件。塞夫人允诺，于是塞尚的作品，装满半节火车运往巴黎，画商请人整理装裱，开始宣传。买通政府中主持美术者，令其作品收入博物馆，然后命人写文刊入美术杂志，尽量插图，尽力标榜，横竖以印象派初期作品受人攻击为借口，为受攻击更起波澜，画之销路当将更好，果然一年、两年、三年，此已埋没十年之拙劣画家塞尚，会变成法国画派之红人。人为之功夫会到如此。此叙述有根有据，况在倍难尔面前叙述，事其为实毫无疑义。

现在巴黎艺坛之红人，一为毕加索，一为马蒂斯。马为四十年前俄国资本家捧出来的人，酷好美术，当时俄国有名画家如列宾、苏里科夫、隋洛夫、来维当等的杰作几乎尽为他所收藏。他生前即将他的收藏公之于众，所以现在莫斯科的俄国美术馆，仍旧保有他的名，此乃唯一资本家留传的名。因为苏联共产党认为他对文化有功绩也。他生前每年必到巴黎一次，等于江浙富户，每年必到上海，河北乡绅必到北平一样，以金钱博取欢乐，并满足他的嗜好。画商们逢到好主顾，即引他看马蒂斯作品，他初说不懂，画商们说，此乃新兴艺术，那些老东西俄国也有，在圣彼得堡、莫斯科随便都是。只有马蒂斯，不但是俄国所没有，便在巴黎亦稀罕的。这话打动了他的心，遂随便买了几张，今藏列宁格勒。而在当时巴黎画商必须捧出能粗制滥造多产的作家，方有利可图，若规规矩矩之作风谨严之作家，一年只能出品几件，画商对之不能发生兴趣。所以这一类新派画家的作品，如不签名，必致无人过问。诸位想想，这尚成什么艺术品？希腊古人留与吾人之卖物，多无名款，中国唐宋陶瓷，俱是无名英雄作品，但人人爱好。不以无名损其价值，此类艺术家作品如此，其价值可知。

　　本来，艺术品亦占唯心论的主观成分，如胃口不好，任何美味不感兴趣。而偏嗜者，尤不可衡以常理。如中国西南及印度人，均爱辣。并有喜欢吃臭的，中国古代六朝时候，有一人喜吃人身上的疮疤，又有一人喜吃狗屎，欧洲人的眼睛，因为几次世界大战，不把艺术当作认真的东西，现在喜欢吃狗屎，到底这不能算是常态，所以我说他没落。画商所捧的人，既有国际组织，自然能有重名，反致欧洲真正大美术家，默默无闻。如夏凡、薄特理、倍难尔，法国门采儿、莱柏尔。俄国列宾、苏里科夫，西班牙之索洛拉、白司底达、朱蛮干，荷兰之伊司赉，瑞士之霍特莱，意大利之米开朗琪罗、丁托列托、塞冈第尼，那些人的名字，其名完全不为吾人所知。故知海上有逐臭之夫，不是虚语。

　　这完全是怪现象，一种变态心理，完全叫人不懂。人愈不懂，他愈以为好。记得巴黎有个形容新派画的故事，说一个新闻记者参观一个大展览会，发现了一幅杰作，即往拜访作者。及见面，恭维备至，请问作家此杰作作成过程。此作家漫应曰："此画不是我画。"记者诧异道："此画不是你的作品，究竟是谁的作品？"作者说："这是驴子画的。"——记者更加诧异，请问其详。

　　作者即说："我用一把笔涂上颜色，绑在驴子尾巴上，然后以画布承其屁股后，任其左一下击，右一下击，至布上涂满颜色为止，签上名字。实在，这画是驴子作品……"我又记得二十年前，在柏林看见他原来是个名作家，后来投机，恐怕是挖苦表现派的，他的画可以颠倒横竖挂，不晓得是风景，抑或是什么。好比上海某杂志"揭黑纸"一派，题为黑人在夜间挖煤的玩笑一样。画家的态度，变到如此，不是没落是什么呢？

二十世纪，各种学术都在进步，只有欧洲自十五世纪发明油画以后，工具完备，可是已丧失了他再作简陋之作品之资格。现在欧洲艺术之没落讲完，在中国艺术之复兴以前，我还须讲些中国艺术之没落。

中国艺术没落的原因，是因为偏重文人画，王维的诗中有画、画中有诗那样高超的作品，一定是人人醉心的，毫无问题，不过他的末流，成了画树不知何树，画山不辨远近，画石不堪磨刀，画水不成饮料，特别是画人不但不能表情，并且有衣无骨，架头大，身子小。不过画成，必有诗为证，直录之于画幅重要地位，而诗又多是坏诗，或仅古人诗句，完全未体会诗中情景，此在科举时代，达官贵人偶然消遣当作玩意。至于谈到艺术，为文化部门，绘画尤为文化重要项目。以他去发挥人的智慧、品性和诗词、小说、音乐、戏剧，用其功用，那么，这一类没落的中国画，是担当不了这个使命的。

王维、吴道子的高风，不可得见，其次者如马远之松，夏圭之杉，亦难得见。在今日文人画上能见到的不是言之有物，而是言之无物和废话。今日文人画多是八股山水，毫无生气，原非江南平远地带人，强为江南平远之景，唯模仿芥子园一派滥调，放置奇丽之真美于不顾。我得声明，我并非唯物论者，不过曾经看到如此浮泛空虚，毫无内容之画，如林琴南，原是生长在高山峻岭、长江大河、巨榕蔽天、白鹭遍地之福州，偏学我江苏不甚成材之王石谷。其无志气，既可想见，其余更无论矣。

海派造型美术、绘画、雕塑，遭到逆流，这完全是画商作怪，毫无疑义。本来艺术为人类公共语言，今乃变成了驴鸣狗叫却不如，驴鸣多为求偶，狗叫尚为警人，都有几分了解的表情也。天下只有懂得人越多越发伟大的作品，如希腊雕刻、文艺复兴时代重要作品、吾国唐宋绘画，其妙处万古常新，敢武断一句没有人懂得就不是好东西，比如食物哪有不堪入口而以为美味的呢？除非是狗屎一类的东西。并且，以我的经验，凡是不成材的作家，方去附和新派，中外一样，可想见其低能，以求掩饰之苦心了。

这类新派名目繁多，在意大利为未来派，在德国为表现派，名虽不同，其臭则一。搞到如此，有光荣历史之法国，目下已找不到几位真能写画的人，岂非悲运。不知各类艺术，多有其自然之限制，勉强不得。如雕塑之不能做成飞的形态，除非浮雕。未来派画猫八只脚，说是动的情形，如此是想要以画与电影竞赛，何能济事？只求味好，不必苛求，香气能香固好，但香而味不好，于口毫无益处。如诗的境界，音乐的境界，能有，固然与画有益，若专求诗境乐境，而生画境，这手和眼睛便为无用。试问音乐不为听，味不中口，图画雕刻不为看，这还不是白费精神、暴殄天物？所以，我批评这一类艺术家，总之为以机器遗造石斧。原人时代用手制成之石斧，自然可当文化之胎，现在用二十世纪完备之机器去制造石斧，抑何可笑？京调只思媚俗，相习成风，不图进取。须知要晓得我们的敌人日本，既解除武装，只有覃精文治，他们以后全国人都是中学毕业，知识水准提高，又能集中精力于艺事，他们又有普遍的爱好，丰富的参考标本，不像我们只藏得有几张四王恽吴山水。在世界文化界角逐起来，我们要不要警惕！我们在一切上都应当放大眼光，尤其在艺术上不放大眼光，那真不行。讲到这里，我又要批评只用作风区别南北两宗派之无当。

用重色金碧写具有建筑物的山水，以大李将军为师，号北宗。用水墨一色，以王维为祖的号南宗。何不范宽华山的为华山派，倪云林江南平远的为江南派为得当。因如此，便能体会造物面目。如法国十九世纪能成为技尔皮茸派是也。专写湖沼、水光、大树、森林，缀以农夫耕牛，而无高山峻岭之雅。

假使能如此分派，则这卢雁岩、黄山太华，九嶷、罗浮、武夷、天台、青城、峨眉、鼎湖、赤城，将有真面目，并且约略看见些各地的鸟兽、草木，助长些遐想的。对不起，吾又要加入一支插曲：民国二十六年抗战初期，我在重庆，四川省教育厅请我主考四川省中学图画教员，要我出题目，我便出两个如下之题目："至少两个四川人，在黄桷树下有所事，黄桷树不画树叶。"弄得试生束手无策，原定两点钟内完卷，半小时过，尚无消息，开始议论，抱怨地说这个不像题目。难道四川人与别地有啥子两样，况且不画树叶怎么会表示出什么树？为我听见，我便答道：正因为你们都是这样想法，所以我要考你们，对于事物的观察如何。你们即考上，亦不过一个中学教员，我当然不责备你们交出什么杰作，不过治艺术，唯一要点是观察能力。比方黄桷树，画的身干盘根枝节，何必用叶子来表示？中国画家画树，除松树树身上圈几个圈外，千篇一律。画杨柳敷赭色，画点圈便叫柏树，对树木树干树枝完全不理，这算作画么？至于人像，如果用人像来区别，当然较难。比如说，广东人眉目距离更近，湖南人下颌内削而小，常多露齿。北方人殊黑，较南方人为自然。画出区别不容易，不过要人一望而知为四川人，那最容易不过了。头上缠块白布，穿上长衫光了脚，不即是四川人么？所谓有所事，即摆龙门阵也好，赌钱也好，耕地也好，搔船也好，极度自由，有什么难呢？他们释然大悟，但总觉得题目有些别扭，因为完全出于他们想象以外。交卷后，细阅之，当然没有佳卷，因为他们所学，是另外一套，全离开事物，而全不用观察也。

我所谓中国艺术之复兴，乃完全回到自然，师法造化，采取世界共同法则，以人为主题，要以人的活动为艺术中心，舍弃中国文人画的荒谬思想独尊山水，山水非不可学，但要学会人物花鸟动物以后，如我国古人王维，样样精通，然后来写山水。并不是样样学会，方学画山水，因为山水是综合艺术。包括一切，如有一样不精，便即会露马脚。哪有样样不会，只学一些皴法，架几丛枯柴，横竖两笔流水，即算是山水的办法。考其内容，空无一物。王维、李思训因为物证，但展开李成、范宽的杰作，与近代人物画相较，真如神龙之于蝼蚁，相去何啻霄壤。人家武器已用原子弹，我们还耽玩一把铜剑，岂非奇谈。

音乐有所谓庙堂音乐，房间音乐，如吾国之七弦琴，非不高雅，但只可在房间内，燃起一炷香，品一杯清茗，二三人相与欣赏。若在稠人广众之中，容积五六十人的场面，便完全失去他的作用。倘在几千人集合的大厦，一定需要巴哈、贝多芬、范拿内的大交响曲，方压得住。中国画习见之古木竹石，非不清雅，但只可供一间小客厅内陈设，若置于周围二三十丈的大展览会，纵是佳作，亦必不为人注意。比之四川泡菜，极为口爽，但不能当作大菜做享宴之用。绘画雕刊，在全盛时代专用作大建筑物上的装饰，供大家瞻仰，后世乃有消遣品出现。惟世界动荡祸乱频仍，大作品随着事变损失，小作品携带容易，后能流传后世。故上古艺圣菲狄亚斯的作品，今无所遗，反靠那些出土的诡俑，考见其遗风余韵的影响。吾国唐代画圣吴道子那些在庙宇中的辉煌的大壁画，千百年后，全数毁灭，幸而在敦煌洞窟中，尚保得许多，五、六、七、八世纪的佛教壁画，皆出于无名英雄之手，尚精妙如此，再去想象当年吴道子所作，应当高妙奇美至如何程度！他的画圣尊号，一定不是如王石谷那样凡庸侥幸得来的，我们要拿他做标准。

所以，我们如果希望中国艺术达到如唐代的昌盛，第一需要有一群有大智慧而有志之士，如曹霸、王维、吴道子、阎立本一类的人物，肯以全力完成他们的学术，再给他们一些发展他们抱负的机会，使得他们能够完成他们的作品。其间有一重要条件，即建筑家必须是艺术修养的学者，而不仅仅是一位土木工程的设计家，根本在墙壁上是不注意的。第二是以后的政治家，必须稍具审美观念，承认艺术是发挥人类思想及智慧的工具，不加漠视，使每个时代的代表艺术工作者，留下一些每个时代的记号，供后人欣赏也好，参考也好，取材也好，嘲笑也好。

我并在此郑重指明，要希望艺术昌明，单靠办学校是不够的，惟办学校而又不取光明的途径，便堵死了艺术的生长。因为如不办学校，听其自生自灭，它倒可以自由采取它适合的形式，或者它自能得着光明的途径，如办学校，而仍走黑暗的道路，则强定一型，以束缚一切，必将使可造之才斫丧而成废料，其祸比较无学校为尤大。学校的功用，仅仅使一般愿投身艺术工作者得充分启发其才智，如种五谷，使其能充分成熟而已。

除开办设立教学完善学校以外，真能帮助艺术进步的，莫过于美术馆了。任何文明国都市，都有美术馆的设立，所以陈列古今美术品亦用以鼓励新进作家。各国用以考验人民文化程度，此亦为其一端，惜乎我国人已知图书馆的重要，独未尝感觉美术馆的重要，图书馆之灌输知识，美术馆陶养性情，功用是相等的，而为劳动者之消除疲劳，儿童之启发智慧，以及慰藉休息时间稀少者，其功用之发挥，较图书馆为尤大，尤其是艺术天才的归宿地。因为假定吾国真个吴道子、王维再世，或者米开朗琪罗、伦勃朗等转世在中国，他们当真出产了许多惊人作品，而无地方容纳他们的作品，也是枉然。比如现在中国齐白石、张大千、溥心畬、溥雪斋等诸先生作品，除私家收藏外，不能见于公共场所，岂非憾事。问人家喜欢么，我可以答至少一半的群众是喜欢的，否则不成其为文化城之市民，然则何不急急办一美术馆呢？公家的美术馆办得像样，私家的宝贵收藏，自然就会向那里捐出，看郭世五先生向故宫博物院所捐收藏历代名瓷，以及傅沅叔先生将他的校勘的藏书几四千部捐入北平图书馆，是其明证。

一般社会之审美观念提高，可以增进人类美术品的爱好，于是有天才出，便不愁没有发挥才能的机会。人才多了，有意义的作品多了，并藏在公共地方为大家欣赏，并晓得欣赏，那便是文艺复兴了。这件重大的文艺复兴工作，吾人在迎接它的来临以前，有一起码条件，就是要先有清洁干净的穷人。因为清洁的习惯都没有的人，不能希望他爱美术的，正因为美术是人类精神上之奢侈。美术的敌人有二，就是穷与忙。而它真正的死敌，乃是漠不关心。清洁都不注意的人，其他身外之物，当然更不注意了。

我希望此后从事艺术工作的人，第一要立大志，要成为世界上第一等人，作出世界上第一等作品。他的不朽的程度，与中国孔子、司马迁、陶渊明、李白、杜甫，外国的柏拉图、亚里士多德、但丁、莎士比亚、牛顿这一类人等量齐观。千万勿甘心于一种低能的模仿一家，近似便怡然自足，若是如此，可算没出息。若真如此的话，吾人热烈期待文艺复兴便无希望，恐怕我们已往的敌人，倒完成他们的文艺复兴了。这是多么需要警惕的事呀！耗费诸位宝贵的光阴，谢谢！

对泥人张感言

　　世多有瑰奇卓绝之士，而长没于草莱。余以本年 4 月 1 日过津，应南开大学之邀，赴往讲演。既毕，张伯苓先生谈及当年津沽名手泥人张事，称其艺之卓绝高妙。谓少年时，曾见其人，今无嗣响。余言夙闻其袖中搦塑人像，神情毕肖之奇能，报章杂记屡称之。顾抵津数次，无缘得观其作，以未亲见，尚在怀疑，先生能令我一观其手迹否？张先生沉思片时曰："不难。严范孙先生之父若伯，皆有泥人张所塑喜容，当犹保藏其家。"因急电话询范老之孙某君。以欲观泥人张所塑其先人喜容为请。严君报曰可。张先生与余皆狂喜，乃急驱车偕冯先生柳漪等，共诣严府。

　　玻璃座高约华尺尺有八寸。像置其中，作坐状，态度安详。旁置桌及椅，皆木为之，式亦精，其外一切悉泥制。全体结构，若三十年前之照相。范老之伯父像，蓄上胡，冠小冠，中缀宝石，右手倚桌上，衣黑色马褂，腰际衣褶，少嫌平板。至范老尊人像，无须，戴眼镜，衣背心，口角略深陷，现微笑之容。皆泥制敷色，色雅而简，至其比例之精确，骨骼之肯定，与其传神之微妙，据吾在北方所见美术品中，只有历代帝王画像中，宋太祖太宗之像，可以拟之；若在雕塑中，虽扬惠之，不足多也。张先生又言：李鸿章督直时，曾延泥人张塑其容。张至，李傲岸不为礼，张因曲传其丑态，而复酷肖，李虽不喜，固无如之何。此则又与达·芬奇之报某僧于犹大，无以异也。

严君乃言：张苟在，年将百岁。其徒尚有存者，且闻其后嗣亦业此。因言固识泥人张当日所主肆，盍往观。余等大喜过望，遂迤逦驰车十余里。至其处，则满室大小柜中、座一，尽是泥人。如金钱豹中之老俞，及庆顶珠中李吉瑞等，俱逼肖其姿态。但此系肆中牌面，而非余等所求也。肆主得之余等来意，因盛夸老张先生，如何其技能高妙，如何其人之性格特殊，与其本人如何之关系，娓娓不倦。又导吾人观其藏：凡古人西施明妃之流，与摩登女郎之属，并今日风行之西装少年挟所恋蹀躞之跳舞，极力迎合社会心理，以冀吾等一盼。余望望然去，乃徘徊其民间写实货品，如卖瓜占卜者流与臃肿不堪之僧寮前者久之。肆主言美国赛会，此类货物，如何获得荣誉，洋人之如何喜欢称赏，凡来天津，无不购者。吾乃照洋人之例，凡购卖糖者一、卖糕者二、卖卦者一、胖和尚二，欣然南归。

此二"卖糕者"与一"卖糖者"，信乎写实主义之杰作也。其观察之精到，与其作法之敏妙，足以颉颃今日世界最大塑师俄国特鲁悖斯柯依（Troubetskoi）亲王，特鲁亲王多写贵人与名流，未作细民。若法十九世纪大雕刊家达鲁（Dalou），虽有工人多种稿本，藏于巴黎小宫（Petit Palais），于神亦逊其全。苟作者能扩大其体积，以铜铸之，何难与比国麦尼埃（Constantin Meunier），争一日之长。肆主言：此系著名泥人张第五子所作云。惜乎其为生泥所制，既未尝为士大夫所重视。业此者，自亦比于工匠之末，罔敢决信其造作之伟大。今日中国之艺术，人犹欲以写四王山水者，为之代表。吾故采题于南京之驴，齐白石看虾蟆，高爱林写鳖，而王梦白画猪，诚哉其不能自遏其情，为过激源也。但以吾等向附于士君子之末，画中驴鳖，未致为人鄙视。岂若卖糕者之作者，怀此惊人绝技，而姓名尚无人闻知哉！以视工计术者，得查中央银行之账，受命为简任之官，与谄媚一人，俨然成院部之长，皆能国难来而不惧，纵陆沉亦安全者，其运命相去之距离，诚有霄壤之判矣。

其影响间接所及，致令习艺者，自惧与匠工同流也，不知所可，唯谤形似。夫传神之理想主义，岂能一蹴而就？抑毁弃形似，即自谓理想主义。讵非梦吃！遂令国中近日艺术，虽自号曰发达，曾无一产物，足以自立于艺之末。固不知匠与艺术家不仅名之别也。艺术家之名贵，以其艺之过乎匠也；今其艺尚不及匠，是予以匠名，且不克当也。则三万九千九百九十万几千人，皆自称大师，又何补于文化之劣等耶！兴言及此，诚令人低回赞叹感慨景慕古今千万无名英雄于无穷也。

艺之精者几乎道。道，真理也，言及物象之真也。夫社会上号称士大夫者，亦仅识"之无"之鄙夫而已！岂遂能知真理，而敢漫然薄视精艺之匠工。惜乎匠工之精于艺者，以报复仅识"之无"者之鄙视，故绝不顾自识"之无"恒寄情于鸦片药膏为其终身伴侣而夷然优游，苟不然者，以此等明察造化机理之匠工，胡竟不能咬文嚼字，对于仅识"之无"之士大夫作正当之鄙弃，是益令吾低回赞叹感慨景慕于无名英雄之安心所业，弁髦一切之高贵，为犹不可及也。

去年夏间，余游南昌。江西人重实际，故古迹绝鲜，滕王既成空中楼阁，洪都尽系水泥之街。但有所谓青云谱者，道院也，距省府可二十里，号为清幽之乡。廖先生体元邀往游览。至其处，壁间水痕犹新，盖大水方退无几时。地以明末八大山人隐遁于此而得名。院中尚藏山人道像及其遗墨两种。山人高额墨须，长身瞑坐，颇见其真。院中至宝为大桂树一本，已历二世。盖树大三围，高几四丈，树身早空，而五大本连理从中挺起，将树空处长满。曩昔古树，成今树壳，故云两世也。树花开时，香腾数里云。

院中有祖先堂，供奉历来道士及施主像，余独登其堂，见龛中有数像，奕奕如生人，至为讶异。辗转问其作者，俱无以答。终询诸廖君，君言出自范振华者之手。范家世业雕，赣大庙偶像，皆其家产造。及振华，犹有独到，能以木刻人像，状貌毕肖云。祖先堂诸像，均木刻也。余问可访得范君否？廖君言，彼不时入城，来则居水观音殿。越数日，余与廖君体元、廖君季登，及傅君抱石，游水观音殿，过范君居，因访之。时正盛暑，烈日当空，范君袒裼昼寝，鼾声大作，一小徒工作其旁。余等皆长衣整齐，有类帝国主义者。思呼之起，必致其局促不安，因止其徒，毋扰乃师清梦。急出赴水观音殿，乃知火药库爆炸，死二十余人，相距密迩，而寐者未醒，余等亦未闻巨声，是奇事也。

余乃托廖傅二君，以资请范君木刊一乡人头，及一水牛，今尚未得。要之范君木刻人像，足跻欧洲二等名家之列，与泥人张作，俱能简约，不事琐屑，且于比例精审，无大头矮足积习。脱去向来喃喃派之平板格调，会心于造化之微。以技术论，方之十七纪西班牙雕刊师，无多让矣（西班牙此时多木雕教乘中人物）！惜泥人张之传不广，其作太易损坏。曷不烧成熟土，或以陶瓷为之耶？若范君吾侦得其名耳，其名初未出于闾里，而国中所造中山像，必令大雕刊家为之，洋雕刊家为之，平心论之，吾所见者，未能加乎青云谱祖先堂木人也。虽然，倘江西人忽欲为孙先生立像，必不请范君振华为之，可断言也。噫嘻！

二十年四月十一日即方还先生逝世之翌日。徐悲鸿作于宁之应毋庸议斋。

述学之一

鄙性以好写动物，人乃漫以华新罗为比。其尤加誉者，则举郎世宁。齐人只知管晏，固莫可如何，实吾托兴、致力、造诣、自况，绝不与彼两家同也。民国初年，吾始见真狮虎象豹等野兽于马戏团（今上海新世界故址，当日一广场也），厥伏威猛，超越人类，向之所欣，大为激动，渐好模拟。丁巳走京师，游万牲园，所豢无几，乃大失望。是时多见郎世宁之画，虽以南海之表彰，而私心不好之。旋旅欧洲，凡名都之动物园，靡不涉足流连。既居德京，以其囿之布置完善，饲狮虎时，且得入观。而其槛式作半圆形，俾人环睹，其动物奔腾坐卧之状，尤得伫视详览无遗。故手一册，日速写之，积稿殆千百纸，而以猛兽为特多。后返法京，未易此嗜，但便利殊逊。平生于动物作家，最尊法人拔理，次则英人史皇；其外，则并世之台吕埃莫亦佳，皆写猛兽者也。写鞍马者，恒推法梅叔念为极诣，当代英国Munning，亦有独到处。而翎毛作家瑞典李颜福尔斯为东方代兴，竟无与抗手者，皆吾所爱慕赞叹，中心藏之者也。顾未尝欲师之，吾所师者，造物而已。所诣或于华、郎两家，尚有未逮，要不以人之作物为师，虽安西里、希腊古名作，及吾国六朝墓刊无名英雄，吾亦不之宗也。吾所法者，造物而已。碧云之松吾师也，栖霞之岩吾师也，田野牛马、篱外鸡犬、南京之驴、江北老妈子，亦皆吾所习师也。窃愿依附之而谋自立焉，庶几为阎吴曹王徐黄赵易所不弃耶？家鸡野鹜，兼收而并蓄之，又深恶夫中西合瓦者。

半解之夫，西贩黎藿，积非得饰，侈然狂喜，追踪逐臭，遂张明人，以其昏昏，诬蔑至道，相率为伪，奉野狐禅，为害之根，误识个性，东西伧夫，目幸不盲，天纵之罚，令其自视，丧心病狂，嗜食狗矢。司空表圣，谓真气远出妙造自然者，固非不佞之浅陋所可跻也，奉为圭臬，心向往之。

第四辑

序跋品题

《悲鸿描集》自序

　　余自脱襁褓，濡染先府君至诣，笃嗜艺术。怅天未肯付以才，所受所遭又惟坎坷、落拓、颠沛、流离、穷困，幸尽日孳孳，二十年得佑启吾思，目稍明，手稍驯，期有所就而已。所谓困而知之者，吾其又次也。夫天下有达德三：曰智，曰仁，曰勇。吾未能也。吾特尽其责吾己身者，曰好学力行、知耻而冀其近焉耳。抑好学力行，几近于智，于仁者已难言，吾惟乃其最易者，曰知耻焉耳。吁！其微矣。吾学之有唯以困，则吾苟冀有寸进者，必以困无疑。吾平生宏愿奢望惟进步，则吾困之来，且无量字有 ihéncnt，是困于我习虽久犹未省终宠好之。其命也夫！其命也夫！顾吾唯知耻，恒得乐境，与困恒相消。盖吾学不外有而求诸己，每能窥见己物之真际，造物于我，殆无遁形，无隐象，无不辨之色。艺海中之缥缈高峰，宛然在望，纵不即至，吾惟裹糇聚粮计行程而已。天未赋吾以才，用令吾辟荆棘，陟崎岖，盘旋于穷崖幽谷中，曲折萦回，始入大道。登高者不止一途，其有直上之大道否，殆有之；有不及巅之广途否，亦有之且多。惟吾所历既曲折、幽深、奇兴、回思、兴趣乃洋溢无穷。吾受于父者，曰攻苦，受于师达仰先生者，曰敏求、曰识量，近又受倍难尔先生一言曰敢，曰力行。然则吾其不惑矣。凡人性善，皆不为恶，目明俱能见美，吾以吾道悦乐之，道一端耳。吁！其微也，抑其广大寥廓者何物耶？吾钝且不思，其漠漠无涯，大宇之造物耶？吾仅趣视博择，撷其如纤尘之一象而已。吁！其微耶！

《悲鸿画集》序

　　夫窗明几净，伸纸吮毫，美景良辰，静对赋色，非人生快意事耶？不佞弄柔翰二十年，既已积画成捆，盈千累万，独未尝有此乐也。吾之磅礴啸傲，悲愤幽怨，欢喜赞叹，讥刺谩骂，皆拨秽沈，辟书城，抽秃毫，磨碗底，借茶杯菜碟，调和群彩，资为画具。或据墙隅，就门侧，坐地板，鞠躬折腰，而观察之，得宜于绘于描也。当其兴之所至，精灵汇聚，神明莹澈，手挥目送，自以为仙。乃竟，张之于壁，距离远视，意有所惬。于愿苟足者，则菜羹油汁或溅入幅，尘灰蛛丝或覆吾绘，又洗涤剔拭，唯恐不尽。嗟乎！倘世以艺为业者，宁有若朕之落拓耶？终身既无安居，而落魄已惯。于是，笔必择秃，纸多不整，新者摈除，秽垢弗计，贵人望而却步，美人顾而攒眉，意若不屑。暨于今日者，亦既有年。而嗜痂成癖者，忘情称誉；哀怜贫乏者，披资督工；同行嫉妒者，怒目唾弃；好奇容怪者，漫欲订交。恕道施之于己，爱自忘其形秽。集其愚得之虑，以飨世之不获已者。其当覆瓿，作燃料，裹乌贼鱼，包落花生，悉听其自然之用。吾特向云烟顷刻，热狂瞬息，白驹过隙，逝水回旋之际，作吾生之默志耳。夫将何道以溯颠倒迷离荒唐变幻之思耶？

《齐白石画册》序

　　夫道以中庸为至，而固含广大精微。昧者奉平正通远温顺良好为中，而斥雄奇瑰异者为怪。其狂则以犷悍疾厉为肆，而指气度雍容者为伪。互相攻讦，而俱未见其真者也。艺有正变，惟正者能知变，变者系正之变，非其始即变也。艺固运用无尽，而艺之方术，至变而止。例如瓷本以通体一色纯洁无瑕为极品，亦作者初愿所期望，其全力所赴。若形式之完整无论矣，如釉泽之调和精密配剂，不虞其他也。即其经验所积，固已昭然确凿审知也，不谓以火率先后之差，其所冀通体一色，能洁无瑕之器，忽变成光怪陆离不可方物之殊彩。拟之不得，仿之不能，其造诣盖出诸意料以外者，是固非历程之所必有，收效之必善，顾为正之变也。恒得此境，要皆具精湛宏博之观，必非粗陋荒率之败象，如浅人所设似是而非之伪德也。

　　白石翁老矣，其道几矣，由正而变，茫无涯涘。何以知之？因其艺致广大，尽精微也。之二者，中庸之德出。真体内充，乃大用然腓，虽翁素称之石涛，亦同斯例也。具备万物，指挥若定，及其既变，妙造自然，无断章取义。所窥一斑者，必背其道。慨世人徒袭他人形貌也，而尤悲夫尽得人形貌者犹自诩以为至也。

《张大千画集》序

　　夫独往独来，啸傲千古之士，虽造化不足为之囿，惟古人有先得我心者，辄颠倒神往，忍俊不禁。故太白天人，而醉心谢朓；透纳画霸，独颂赞罗郎。此其声气所通，神灵感召，有不知其所以然者。大千以天纵之才，遍览中土名山大川，其风雨晦暝，或晴开佚荡，此中樵夫隐士，长松古桧，竹篱茅舍，或崇楼杰阁，皆与大千以微解，入大千之胸次。大千往还，多美人名士，居前广蓄瑶草琪花、远方禽兽。盖以三代两汉魏晋隋唐两宋元明之奇，大千浸淫其中，放浪形骸，纵情挥霍。其所挥霍，不尽世俗之所谓金钱而已，虽其天才与其健康，亦挥霍之。生于二百年后，而友八大、石涛、金农、华岩，心与之契，不止发冬心之发，而髯新罗之髯。其登罗浮，早流苦瓜之汗；入莲塘，忍剂朱耷之心。其言谈嬉笑，手挥目送者，皆熔铸古今；荒唐与现实、仙佛与妖魔，尽晶莹洗练，光芒而无泥滓。徒知大千善摹古人者，皆浅之乎测大千者也。壬申癸酉之际，吾应西欧诸邦之请，展览中国艺术。大千代表山水作家，其清丽雅逸之笔，实令欧人神往。故其《金荷》藏于巴黎，《江南景色》藏于莫斯科诸国立博物院，为现代绘画生色。大千蜀人也，能治川味，兴酣高谈，往往入厨作羹飨客，夜以继日，令失所忧。与斯人往来，能忘此世为二十世纪——上帝震怒下民酣斗厮杀之秋。呜呼大千之画美矣！安得大千有孙悟空之法，散其髯为三千大千，或无量数大千，而疗此昏瞆凶厉之末世乎？使丰衣足食者，不再存杀人之想乎，噫嘻！

《黄养辉画集》序

缥缈空灵，艺事中超脱之境也，但掩蔽浮滑寒俭，不才者附焉。于是实事求是者不厌规矩准绳，极意象物之工，而求一当其才者，又转求缥缈空灵。夫物极必反，辗转循环，造物之变，乃借艺术精诣，继续不断以飨人类眼福。

溯自人类创制艺术过程言之，自喃喃学语之山林派，跻于规模大备之庙堂派（亦曰古典派），以后再转入笃守方式之馆阁体，复进而革命，寻求至诚无伪之天真。其循环之迹象显然可见也。

黄君养辉，从吾游近二十年。其为人性格笃实，故初工写像，又不厌规矩准绳，故不避一切建筑物横直之线，此乃为一味抒情者所难。抗战初期，黄君服务于建设广西、复兴中国之桂林。为写广西建设之大图多幅，大为工程界所赏。旋被聘至黔桂铁路，乃畅写黔桂路艰险工程数百幅，皆以美术眼光出之，开中国绘画新境界。充实之谓美，是疗浮滑寒俭无上剂也。近年受聘在国立北平艺专授教，及中国美术学院研究，间为塘沽新港工程作画，又百十幅，推进之功弥大。黄君斟酌物象明暗，期光之适合，乃益实物以缥缈空灵，以达成艺术致用目的，所谓艺之精者几乎道非耶？

《关山月画集》序

　　艺术乃最无束缚极度自由之世界，故襟怀广博，感情敏锐之士，以几年苦功，把握造物之色像，以后即可骋其才思所至，尽情发挥，毫无顾忌（只不背反公德）。不足则益以游踪，扩大见闻范围，或研讨学术，开辟思想，此古人读万卷书、行万里路之意也。岭南关山月先生初受高剑父先生指示，学艺天才卓越，早即知名，抗战期间，吾识之于昆明，即惊其才情不凡。关君旅游塞外，出玉门，望天山，生活于中央亚细亚者颇久。以红棉巨榕乡人，而抵平沙万里之境，天苍苍，地黄黄，风吹草动见牛羊，陶醉于心，尽力挥写。又游敦煌，探古艺宝库，捆载至重庆展览，更觉其风格大变，造诣愈高。胜利之后，关君走南洋，所至声誉鹊起。今将集其精华付梓，敬举所知，为阅者告。

李可染先生画展序

芒砀丰沛之间，古多奇士，其卓荦英绝者，恒命世而王，冠冕宇内，挥斥八荒。古今人职业虽各有不同，禀赋或殊，但其得地灵山川之助，应运而生者，其吐属之豪健奔放，风范之高亢磊落，以视两千年前亡秦革命之夫，固同一格调也。吾友刘君开渠，徐州人，其雕塑已在吾国内开宗，而徐州李先生可染，尤于绘画上，独标新韵。徐天池之放浪纵横于木石群卉间者，李君悉置诸人物之上，奇趣洋溢，不可一世，笔歌墨舞，遂罕先例，假以时日，其成就诚未可限量，世之向慕瘿瓢者，于此应感饱啖荔枝之乐也。夫其兴之所至，不加修饰，或披发佯狂，或沉醉卧倒，皆狂猖之真，为圣人所取。必欲踽踽谅谅目不斜视，憧憬冷肉，内外皆方，识者已指之为乡愿，而素为李君之所不屑者也。故都人文荟萃，且多卓识，李君嘤求之意，当不难如愿以偿也。

李唐《伯夷叔齐采薇图》序

穷造物之情者，恒得真之美；探人生之究竟者，则能及乎真之善。顾艺术家之能事，往往偏重建立形式，开宗立派之谓也。若其挥斥八极，隘九州，或真宰上诉天应泣者，必形式与内容并跻其极，庶乎至善尽美，乃真实不虚。

艺事之重人格表现者，以方术技巧言之，在所传之情绪确切而不可易，而静为尤难。故写神仙匪极难事也，聪明正直与飘渺空灵其几矣。若其人之高贵，可以让国；其忠贞，甘自饿死；为孟子所举圣之清者，其风格德操为何如乎？岂寻常象物之工，或以笔歌墨舞者，所能措手乎！故宗教艺术之徒具形式，此东方之所以不振也。李稀古此图，实发挥中国画之无上精神，以叔齐之匍匐状图之故实，用反衬伯夷之高亢坚定。且人物以外，皆渲染一过，俾二人虽素衣质朴，觉其有珠光宝气，而岩穴可知。诚艺道之至也。至人物神情之华贵高妙，足与米兰藏达·芬奇之《耶稣》稿，与门兴藏丢勒之《四使徒》，同为绘画上之极峰。其价值，不特古今著录考证之详，与绢本之洁白而已也。

《李曼峰画集》序

　　近世东西洋浅薄无聊之画人，辄托庇于法国，先后为画商载去半列车作品之塞尚（一九三三年七月，吾在倍难尔斋中亲闻法某省一美术会长言者），以无为有，以幻为实，欲附吾国苏东坡似高而妄之论，画商集合，擅作威福，沦法国二十年之艺术于混沌。知者固谂，钞票作祟，而一般浑小子得所依傍，色然心喜，逐臭获利，俨然自列于作者之林矣，吾固知原子本身不必宏巨光芒，但非其类，无以改进，如香未必可食，又欲令造型艺术占时间，则音乐可废也。凡吾人殚智竭虑所研精之万象，风雨晦暝，与其感受强烈或微妙光泽之变，所谓会心造化者，此辈脑筋简单之鄙夫，举无所闻知，其唯一目的，乃欲以二十世纪之机器，制造上古石斧而自赏其浑噩之全，夫削繁成简，归真返璞，亦不佞所深冀者也，但上帝赋予人之天真，至多不过三年至五载，便收回去。今昂然六尺之夫，仍从地上打滚，非白痴而何？妄图上帝所蕲之福，真话剧也，吾亦深恶乡愿之伪、之鄙、之陋，在中行缺乏之时，狂狷皆为真人，所取究竟鼠窃狗偷之夫，焉足以望狂狷耶。

　　凡百文艺，盛极必腐，比之鲜果，熟甚则烂，理之然也，故文艺上之滥调、俗套、敷衍成章一类，尸骸虽毫无存在价值，唯在其经过程序上所不能免，卓越之士，精灵不昧，上下与天地同流者，必不投入朽腐，自沉埋于黑暗地狱，如吾国八股时代之金圣叹、郑板桥等其例也，故法国近代如夏凡、卡里埃、梅难尔，意大利之塞冈第尼，西班牙之索罗兰，荷兰之伊思贽，其艺已颉颃古人，其清丽雅逸精深，华妙之诣，皆艺史所仅见，徒以无作品在画商之手，时髦之人未尝称道之，抑竟不知其名而必以猥鄙庸弱之马蒂斯辈，互费唾沫，亦国家危亡之征也。中国不幸，自昔立美校作长者，类多目不识丁之鄙夫，既对欧洲艺术茫然无所知，便立即投奔野兽派，而戴塞尚为祖宗，剽窃成家，其情可悯。实则此怪现象，匪止中国一隅，其中亦有从日本转贩来者。盱衡四顾，可为叹息，且幸妖魅之终不得成人形也。

吾友李曼峰先生，英年大志，才会纵横，自不恋恋于陈腐之馆阁形式，其观察忠诚而作风雄肆，其取材新颖而抉择有雅趣，所写人物风景多生气蓬勃，充满乐观情绪。盖久居炎方，能体会融融之日光，故其画之容颜，辉煌而沉着，所写动物亦有同等精妙。汇揽众美，古人之所难能，李君以英年致之，毅然以造化为师，不惑于旁门左道，不佞故寄具希望于无穷者也。吾昔识张君汝器，亦绩学多才，欲辑其画与李君之作布之于世，以一新国人耳目。而李君年来创获益富，今年尤一鸣惊人，南中具真赏之人，罗致李君之作，唯恐不及，不图今日今世有如此快意之事，固李君艺之动人，抑亦人之积蕴窒息已久，假李君而倾吐之，于以见人类自然之美感，终不因此世俗氛弥漫而遂湮灭也，是世界光明一部之透露，喜不自胜。抑吾更冀李君孜孜不倦，日进无疆，示世人艺事新境多待开辟，正不必矫揉造作，更发明奇异名词，如所谓表现派、达达派、未来派、后期印象派等等谰言惑众也。其论据易中国之玄以诡其画，较中国由玄论所产生之劣画尤恶。顾不佞辞面避之，不若李君举丰富之作品易人令费色费寿之愚自息也，吾固知之，是以乐道之。

《中央大学艺术学系系讯》序

中国自有新教育，即有中大艺术学系；其间蜕变不一，要为大略推论，不可将先人功绩泯没也。

以中国全部文化言之，艺术之造诣，视其他部门所成就者，殆无逊色；故科学须"迎头赶上"，而艺术家所负本国之使命，在"发扬光大"，而非抱残守缺，亦事理之至显者也。

夫抱残守缺者，类多好古敏求之趣，特非英年卓荦，而生当鏖战肉搏之际者所图也。治学须有方法，而学亦有缓急；艺术之在今日，已非当务之急，顾治艺者皆天生不可移作别用之材，乃又于此时作抱残守缺之图，可谓不知物之本末终始者矣。

中国人制作之艺术，在艺术史言之，即名曰中国艺术。古无七言诗时，或有定律之长短句，若假定奚斯仲山甫庄姜，视杜甫辛弃疾辈为非中国诗人，谁实信之。一如 Claude，Monet Pissaro 以点作画，法国人遂摒于其派之外，有是理否？抑莫奈既成世界画家，即失去其国籍，似固无妨也。

艺术家之天职，至少须忠实述其观察所得；否则罪同撒谎，为真赏所谴！故任何地域之人，能忠实写其所居地域景色、物产、生活，即已完成其高贵之任务一部。此乃大前提，攸关吾艺术品格！倘不此之图，而斤斤焉于一般俗见，或因功利而修改其宗旨，即举世为之，不佞不为也！

技（Technique）为艺术之高级成就。艺术借技表现其意境，故徒有佳题，不足增高艺术身价，反之有精妙技术之品，可不计其题之雅俗，而自能感动古今人类兴趣！并仇恨都忘！此瓦缶之断烂者尚称奇珍，而金玉反贬其原值降为没趣也。故治艺者，必求获得技能之精，锻炼其观察手法，而求合乎其心之所求，达到得心应手。此吾同人"卑之无甚高论"所共勉之第一义也。

人类政治之最高理想，必为吾中国之大同主义，即墨子亦著尚同。反同者，必系小丈夫，如法国德国意大利之新派！吾人所翱翔之领域，若沾沾自喜仅标榜一狭义之方式而局促其中，亦吾人之所耻也。

答杨竹民先生

　　我的漫谈遗产推重花鸟一文，得到杨竹民先生的反应，所谓抛砖引玉，实在感觉荣幸。我提出些遗产问题，希望得到大家来讨论。我因百忙，不能为有系统的文章，所以采取了漫谈形式。杨先生对于中国山水画的发展和成就的看法，我认为大致是正确的，我已发表过《漫谈山水画》(《新建设》第一卷第十二期)，意见相差并不太多，不过无杨先生文中博引而已。但有一点，是不相同的，杨先生之论据，多取之于理论，我之论据，多征之于现存作品。好的理论，自然也是遗产，但可能如药品广告，中国山水画理论，当然有过好药，可惜难于再制。因为它不但需要天才及自然环境，还需社会环境，所以只能当它一去不复返的东西了。现世所存之北宋山水画，可以尚及百幅，但合乎理论标准的不及十之一（此固无妨，哪怕只剩半幅）。米芾点法，我认为与近代印象主义理论相合，并不断定前此画家不用点，但因其与技法进步无关，比之举宋词不能说以前遂无长短句，杨先生竟以为我不当拿 Constable，Turner 来比中国画（请杨先生见宥），但此是事实问题，我一定坚持的，同类的东西，焉能禁人比；况且凡有造诣之作品，都可以在造诣上，计其程度。我曾经用印度檬果，比广东荔枝之甘美（用洞庭东山枇杷更不相称）。我并且希望中国学者，千万不要以为我们中国的好东西，定是世界他处所没有的那样的看法。中国山水画之高明处，所谓意境，欧洲十九世纪前是不存在的（单指风景画），但康斯太布尔、透纳两人，就做到了；透纳不但做到，并加光大。如果杨先生看过方雨楼藏之郭忠恕《岳阳楼图》及金冬心《风雨归舟》那种气象万千缥缈空灵的境界，自然会惊叹透纳作品之高逸（藏英伦 Tate 画廊有百幅），一定会感到东西古今人才智之不相殊，幸而有此两幅，可为中国山水理法论之佐证，否则透纳大名，将前无古人——他自己却崇拜十七世纪风景画家洛兰（Claud Lorrent）。所以要在中国古山水画家中取一人与透纳比量，还是很难，因为不可能有杰作百幅存在一人的古之大山水画家，这是透纳之幸运，我自信绝对不是洋奴心理！如有人以为王石谷东西多，那真是瓦砾之比珠玉！所以，从十九世纪起，欧洲风景画便达到有韵律的道途，不像董其昌辈懒汉，专创作人造自来山水，掩饰低能。故山水一向为人所重视，而花鸟则一向为人所忽视，但二者之在世界艺坛之贡献，可能有人不知，吾故分别论之，举出事实，所谓知人论世。杨先生仅单指我这一篇，似乎近于断章取义，况且我绝无意要恢复中国古代花鸟画，我推重花鸟为遗产，具体地说，我们现在画的农民生活的画中有一只鸡，可能如木鸡，但我国古人已不画木鸡，一幅好画，中有一只木鸡尽管在画中次要地位便不美满。至于杨先生文中后段的责备，我不想在此处借题发挥，因杨先生不了解我的美术主张（请杨先生原谅），我们已昭告天下，遵照毛主席文艺方针，并实施社会主义的写实主义的创作方法。果如照杨先生所说，那我们做些什么呢！至于自然主义，乃是一个外国名词 Naturalisme，它不同古典、浪漫、写实等有积极精神的宗派，而含有惰性的作风。杨先生所历举的几种，能不能与以古典主义名称？恐怕比自然主义更不妥当。这又好比欧洲从罗马时代洞窟艺术发展而来的概称之基督教艺术一样，像复兴时代之拉斐尔，他且写过不朽杰作雅典派（教皇宫大壁画之一）与基督无一些关系，但拉斐尔亦被包括在基督教艺术中；欧洲并无道家思想统治，我以为无为就是懒惰！缺乏斗争精神！

结论：中国绘画，虽是自然主义，但花鸟画，保有写实精神为多，故凡北宋之花鸟，几乎一半是好的作品，但北宋人之山水，只有写实功力好的文人，方能产出少量好的作品！（如巨然可能写出杰作，但现实无一幅杰作。）（范中立《溪山行旅》我虽举之为今日中国山水画中第一，但其他作品，佳者不多。）因为有写实功夫，方做得到空而能灵，否则便成空虚，所以只要保持写实精神，可不必问时代！如明周东邨《北溟图》，任何郭熙幅都不及，冬心且是十八世纪人，此指山水，若花鸟，则吕纪、陆治、汪海云、陈洪绶，皆有杰作，人物画虽非中国绝诣，但写像之杰作亦不少，最著者，如宋太祖赵匡胤像，可比之世界任何高妙美术品人像。所以我们有传统，亦有遗产，倘好好结合社会主义，则民族的中国美术，将有伟大贡献与世界！

附言：花鸟画的副作用，能改善工艺美术，山水画与此适相反。我曾在十年前著论提到，忘在何时何种刊物发表。

李桦《天桥人物》跋

几个南腔北调人，
各呈薄技度余生。
无端落入画家眼，
便有千秋不朽情。

李桦先生早以木刻名世，频年以还，益潜心墨画，所写风景人物，无一不精。此为先生教授北平艺专时，课余画平市，掇拾之小人物写影，刻画入微，传神阿堵。尤于人物之性格动作表情，俱细微体会，而出之以极简约之笔墨，洵高雅之杰作也。以此而言新中国画之建立，其庶几乎。

《八十七神仙卷》跋一

此诚古董鬼所谓生坑杰作，但后段似为人割去，故又不似生坑。吾友盛成见之，谓其画若公孙大娘舞剑，要如陆机、梁𩆣行文无意，不宣而辞采娴雅，从容中道。倘非画圣，孰能与于斯乎？

吾于廿六年五月为香港大学之展，许地山兄邀观德人某君遗藏，余惊见此，因商购致。流亡之宝，重为赎身，抑世界所存中国画人物，无出其右，允深自庆幸也。古今画家才力足以作此者，当不过五六人，吴道玄、阎立本、周昉、周文矩、李公麟等是也。但传世之作如帝王像平平耳，天王像称吴生笔，厚诬无疑，而李伯时如此大名，未见其神品也。世之最重要巨迹，应推此人。史笃葛莱藏之《醉道图》可以颉颃欧洲最高贵之名作，其外虽顾恺之《史女箴》有历史价值而已，其近窄远宽之床，实贻讥大雅。胡小石兄定此为道家三官图，前后凡八十七人，尽雍容华妙，比例相称，动作变化，虚阑干平板，护以行云，余若旌幡明器、冠带环佩，无一懈笔，游行自在。吾友张大千欲定为吴生粉本，良有见也。

以其失名，而其重要性如是，故吾辄欲比之为巴尔堆农浮雕，虽上下一千二百年，实许相提并论，因其惊心动魄之程度，曾不稍弱也。吴道玄在中国美术史上地位，与菲狄亚斯在古希腊相埒。二人皆绝代销魂，当时皆著作等身，而其无一确切之作品以遗吾人，又相似也。虽然，倘此卷从此而显，若巴尔堆农雕刻裨益吾人想象菲狄亚斯天才于无尽无穷者，则向日虚无缥缈复绝百代吴道子之画艺，必于是增其不朽，可断言也。为素描一卷，美妙已如是，则其庄严典丽、煊耀焕烂之群神，应与菲狄亚斯之上帝、安推挪同其光烈也。以是玄想，又及达·芬奇之伦敦美术之素描，安娜与拉斐尔米兰之雅典派稿，是又其后辈也。呜呼！张九韶于云中，奋神灵之逸响，醉予心兮予魂，愿化飞尘直上，跋扈太空，忘形冥漠，至美飘举，盈盈天际，其永不坠耶，必乘时而涌现耶！不佞区区，典守兹图，天与殊遇，受宠若惊，敬祷群神，与世太平，与我福绥，心满意足，永无憾矣。廿六年七月悲鸿欢喜赞叹题竟并书一绝：

得见神仙一面难，况与侣伴尽情看。
人生总是荞菲味，换到金丹凡骨安。

八十七神仙卷高三十公寸，长二公尺八十八公寸，卷之上端亦经割损三四公寸矣，所以称残卷。武卷，据罗岸觉先生跋，为权量局尺，长二丈三尺八寸，高一尺八寸三分云。

《八十七神仙卷》跋二

　　是年，吾应印度诗翁泰戈尔之邀，携卷出国，道经广州，适广州沦陷，漂流西江四十日，至年终乃达香港。翌年走南洋，留卷于港银行铁箱中，虑有失也，卒取出偕赴印度，曾请囊达拉·波司以盆敢文题文。廿九年终，吾复至南洋为筹赈之展，乃留卷于圣地尼克坦。卅年欲去美国，复由印度寄至槟城，吾亲迎之。逮太平洋战起，吾仓皇从仰光返国，日夜忧惶，卒安抵昆明。熊君迪之馆吾于云南大学楼上。卅一年五月举行劳军画展。五月十日，警报至此，画在寓所，为贼窃去，于是魂魄无主，尽力侦索终不得。翌两年，中大女生卢荫寰告我曾在成都见之，乃托刘德铭君赴蓉，卒复得之，惟已改装，将"悲鸿生命"印挖去，题跋及考证材料悉数遗失，幸早在香港付中华书局印出。但至卅五年胜利后返沪，始及见也。

　　想象方壶碧海沉，帝心凄切痛何深。

　　相如能任连城璧，负此须眉愧此身。

　　既得而愧恨万状，赋此自忏。

题龚旭斋画

　　龚旭斋，清乾隆嘉庆年间人，从兄晴皋，为卓绝之书画家。其先营山县人，逮其大父，乃士模、士楷，始迁居四川巴县西里冷水乡。生平淡于名利，辟花圃，曰藏云，筑梅花书屋于其中。山水有石田意境，亦能写着色花鸟。

　　旭斋生平见于巴县县志者仅此。卅二年春，吾在重庆市上收得此幅，当时以为晴皋之笔，而断烂已甚。及来北平，乃谋补救。其成就想更出旭斋初意以外。自鸣得意，为记其略历及经过于此。

　　　　　　雅琴飞白雪，逸翰怀青霄。
　　　　　　江山澄气象，冰雪净聪明。
　　　　　　蕴真惬所遇，振藻若有神。

题王铎书法幅

所藏王觉斯书十余幅，以此幅为第一。除倪文正一幅外，殆无可与抗衡者。怀素以来，殆罕有其匹。赵孟𫖯、柯九思其书雄强又复自然，不矜才使气。所云拟取永兴、平原两家，确有所得，非率意漫言，盖有神合也。

鄙藏明人手迹，以倪文正四十初度诗为冠，石齐幅次之，此幅苟不以人品论，庶其亚矣。宋代虽多善书者，俱不能过之。若赵孟𫖯、柯九思、祝允明、董其昌辈，盖瞠乎后矣。惜其人除书法外，一无足取。

题呼延生书法

　　呼延生方在少年，其书得有如是造诣，禀赋不凡，盖由天授。方之古人，在唐则近于北海，宋则山谷，明则倪文正、王觉斯，而非赵、董辈世俗之姿可相并论也。

任 伯 年 评 传

　　任伯年，名颐，浙江萧山人，后辄署名山阴任伯年，实其祖籍也。其父能画像，从山阴迁萧山，业米商。伯年生于洪杨革命之前（1839 年），少随其父居萧山习画，迨父卒（伯年约十五六岁），即转徙上海。是时任渭长有大名于南中，伯年以谋食之故，自画折扇多面，伪书渭长款，置于街头地上售之，而自守于旁。渭长适偶行遇之，细审冒己名之画实佳，心窃异之，猝然问曰："此扇是谁所画？"伯年答曰："任渭长所画。"又问曰："任渭长是汝何人？"答曰："是我爷叔。"又追问曰："你认识他否？"伯年心知不妙，忸怩答曰："你要买就买去，不要买即算了，何必寻根究底！"渭长夷然曰："我要问此扇究竟是谁画。"伯年曰："两角钱哪里买得到真的任渭长画扇？"渭长乃曰："你究竟认识任渭长否？"伯年愕然无语。渭长乃曰："我就是任渭长。"伯年羞愧无地自容，默然良久，不作一声。渭长曰："不要紧，但我必欲知这些究谁所画。"伯年局促答曰："是我自己画的，聊资糊口而已。"渭长因问："童何姓？"答曰："姓任，习闻当年父亲常谈渭长之画，且是伯叔辈，及来沪，又知先生大名，故画扇伪托先生之名，赚钱度日。"渭长问："汝父何在？"答曰："已故。"问："汝真喜欢作画否？"伯年首肯。渭长曰："让汝随我们学画如何？"伯年大喜，谓穷奈何！渭长乃令其赴苏州，从其弟阜长居，且遂习画。故伯年因得致力陈老莲遗法，实宋以后中国画正宗，得浙派传统，精心观察造物，终得青出于蓝。此节乃二十年前王一亭翁为余言者。一亭翁自言：早岁习商，居近一裱画肆，因得常见伯年画而爱之，辄仿其作，一日为伯年所见，而喜蒙其奖誉，遂自述私淑之诚，伯年纳为弟子焉。

任氏画，皆宗老莲，独渭长之子立凡学文人画，不肖其父、其叔，浮滑庸俗，其于伯年造诣，不啻天渊。伯年学成，仍之沪，名初不著，有人劝其纳贽拜当时负声望之老画家张子祥熊，张故写花鸟，以人品高洁为人所重，见伯年画大奇之，乃广为延誉，不久伯年名大噪。

伯年嗜吸鸦片，瘾来时，无精打采，若过足瘾，则如生龙活虎，一跃而起，顷刻成画七八纸，元气淋漓。此则其同时黄震之先生为余言者。

伯年之同辈为胡公寿、钱慧安、朱梦庐、舒萍桥。其中，胡公寿为文人，朱、舒皆擅花鸟，但均非伯年敌手。

伯年之学生，有徐小仓、沙山春、马镜江。小仓、山春皆早逝，镜江亦不寿，有诗中画行世，倘天假彼等以年，可能均有成就。后有倪墨耕，民国初年尚在沪鬻画，不过油腔滑调而已。伯年卒于光绪乙未（1894年），年五十五。

伯年有一子一女，女名雨华，学父画，甚有得，适湖州吴少卿为继室，吾友吴仲熊君之祖也。吴少卿毕生推崇伯年，故继弦后婿于伯年，雨华无所出。伯年逝世（1894年）时，其子堇叔年才十五，故遗作皆归雨华。雨华卒于民国九年（1928年）。余居上海，与吴仲熊君友善，过从颇密，仲熊知吾嗜伯年画，尽出其伯年父女遗迹之未付装裱者，悉举以赠，可数十纸。后吾更陆续搜集，凡得数十幅精品，以小件如扇面册页之属为多。其中尤以黄君曼士所赠十二页为极致。今陈之初先生独具真赏，力致伯年精品如许，且为刊印，发扬国光，吾故倾吾积蕴广为搜集附之，并博采史材，为之评传。

吾于1928年初秋居南京，访得一章敬夫先生之子，延吾往其家（玄武湖近）观伯年画。盖其父生平最敬伯年，又家殷富，故得伯年画颇多，记其佳者有《唐太宗问字图》，尚守老莲法，但已具后日奔逸之风。又《五伦图》，花鸟极精。又《群鸡》，闻当日敬夫以活鸡赠伯年，以画报之者。此作鸡头为鼠啮，敬夫请钱慧安补之，均佳幅。惜敬夫夫人过于秘守，不肯示人，且至当时尚未付裱，故无从得其照片。

抗战之前，余闻陈树人先生言，其戚某君居沪，藏伯年画达七八十幅，中多精品云。吾久欲往沪一观而未果，今已不可能，因树人已下世，无人为介，且亦不得主名也。

学画必须从人物入手，且必须能画人像，方见功力，及火候纯青，则能挥写自如，游行自在。比之行步，惯经登山则走平地时便觉分外优游，行所无事。故举古今真能作写意画者，必推伯年为极致。其外如青藤、白阳、八大、石涛，俱在兰草木石之际，逞其逸致之妙，而物之象形，固不以人之贵贱看，一遇人物、动物，便不能中绳墨，得自然法，而摹差易其位也。当年评剧家之推重谭鑫培之博精并综合群艺，谓之文武昆望一脚踢；伯年于画人像、人物、山水、花鸟，工写、粗写，莫不高妙，造诣可与并论。盖能博精，更藉卓绝之天秉，复遇渭长兄弟，得画法正轨，得发展达此高超境界。但此非徒托学力，且需怀殊秉，不然者，彼先辈之渭长昆季曷无此诣哉？

1928 年夏，吾与仲熊同访董叔先生。董叔工韵文，而书学钟太师，亦是人物。曾无伯年遗作，但见伯年用吾乡宜兴陶土塑制其父一小全身像，佝偻垂小辫，状至入神，蒙董叔赠伯年当年摄影一张，即吾本之作画者也。董叔于十年前病故，民国三十年左右，其后嗣尚作与吾论证其先人之文，可见其后至今尚昌大也。忆吾童时，有一日先君入城归，仿伯年《斩树钟馗》一幅，树作小鬼形，盘根错节，盖在城中所见伯年佳作也，是为吾知任伯年名之始。

计吾所知，伯年杰作首推吴仲熊藏之五尺四幅八仙中之《韩湘》《国舅》幅，图作韩湘拍板，国舅踞唱，实是仙笔，有同之初藏之《何仙姑》。吴藏尚有八尺工写《麻姑》，吾昔藏《九老》（今归前妻蒋碧微），皆难得之精品。尚见一四尺画两孩玩玻璃缸内之金鱼，价重未能致。又一素描册，经吴昌硕题，尊为画圣。若册页，则经子渊藏有十五纸，中有四纸可称杰构，已由上海某处精印印行。有正书局亦印出与吴秋农合册，中之《八哥》，可与之初藏之《飞燕》《鹦鹉》《紫藤》等幅相比。此等珠圆玉润之作，画家毕生能得一幅已可不朽，矧其产量丰美妙丽至于此哉！此则元四家，明之文、沈、唐所望尘莫及也！吾故定之为仇十洲以后中国画家第一人，殆非过言也。

伯年为一代明星，而非学究。是抒情诗人，而未为史诗，此则为生活职业所限，方之古天才近于太白，而不近杜甫。

与伯年同时代世界画家之具天才者，如瑞典初伦，西班牙索罗兰、伊白司底达，俱才气纵横，不可一世，殆易地皆然者。至如俄国列宾、苏里可夫，法国倍难尔，荷兰之伊司赖，德国之康普李倍尔忙，瑞士霍特莱等，性格不同，不得相提并论。

忆吾于 1926 春，将伯年画在巴黎示吾师达仰先生，蒙彼作如下之题字：

　　多么活泼的天机，在这些鲜明的水彩画里，多么微妙的和
谐，在这些如此密致的彩色中，由于一种如此清新的趣味，一种
意到笔随的手法——并且只用最简单的方术——那样从容地表现
了如许多的物事，难道不是一位大艺术家的作品么！任伯年真是
一位大师。

［法］达仰　巴黎　一九二六年（法文译文）

　　达仰为近代法国大画家之一，持论最严，其推许如是，正可依为
论据也。

悲鸿自述

悲鸿生性拙劣，而爱画入骨髓，奔走四方，略窥门径，聊以自娱，乃资谋食终愿学焉，非曰能之。而处境困厄，窘态之变化日殊。梁先生得所，坚命述所阅历。辞之不获，伏思怀素有自叙之帖，卢梭传忏悔之文，皆抒胸臆，慨生平，借其人格，遂有千古。悲鸿之愚，诚无足纪，惟昔日落拓之史，颇足用以壮今日穷途中同志者之志。吾乐吾道，忧患奚恤，不惮词费，追记如左。文辞之拙，弗遑计已。

距太湖之西三十里，荆溪之北，有乡可五六十家。凭河两岸，一桥跨之，桥曰计亭。吾先人世居业农之所也。吾王父砚耕公，以洪杨之役，所居荡为灰烬。避难归来，几不能自给，力作十年，方得葺一椽为庐于桥之侧，以蔽风雨，而生先君。室虽陋，吾先君方自幸南山为屏，塘河为带，日月照临，霜雪益景，渔樵为侣，鸡犬唱答，造化赋予之丰美无尽也。

先君讳达章（清同治己巳生），生有异禀，穆然而敬，温然而和，观察精微，会心造物。虽居穷乡僻壤，又生寒苦之家，独喜描写所见，如鸡、犬、牛、羊、村、树、猫、花。尤为好写人物，自由父母、姊妹（先君无兄弟），至于邻佣、乞丐，皆曲意刻画，纵其拟仿。时吾宜有名画师毕臣周者，先君幼时所雅慕，不谓日后其艺突过之也，先君无所师承，一宗造物。故其所作，鲜 Conrontion（俗套）而特多真气，守宋儒严范，取去不苟，性情恬淡，不慕功名，肆忘于山水之间，宴如也，耽咏吟，榜书雄古有力，亦精篆刻，超然自立于诸家以外。

先君为人敦笃，慈祥恺悌，群遣子弟从学，习画问字者至伙。有扬州蔡先生者，业医、能画，携子赁居吾家。其子曰邦庆，生于中日战败之年，属马，长吾一岁，终日嬉戏为吾童时伴，好涂抹。吾时受先君严督读书，深羡其自由作画也。

吾六岁习读，日数行如常儿。七岁执笔学书，便思学画，请诸先君，不可。及读卞庄子之勇，问："卞庄子何勇？"先君曰："卞庄子刺虎，夫子以是称之。"欲穷虎状，不得，乃潜以吾方纸求蔡先生作一虎，归而描之。久，为先君搜得吾所描虎，问曰："是何物？"吾曰："虎也。"先君曰："狗耳，焉云虎者。"卒曰："汝宜勤读，候读完《左传》，乃学画矣。"余默然。

九岁既毕四子书，及《诗》《书》《易》《礼》，乃及《左氏传》，先君乃命午饭后，日摹吴友如界画人物一幅，渐习设色。十岁，先君所作，恒遣吾敷无关重要处之色。及年关，又为乡人写春联。如"时和世泰，人寿年丰"者。

余生一年而丧祖母，六年而丧大父，先君悲戚，直终其身。余年十三四，吾乡连大水，人齿日繁，家益窘。先君遂奔走江湖，余亦始为落拓生涯。

时强盗牌卷烟中，有动物片，辄喜罗聘藏之。又得东洋博物标本，乃渐识猛兽真形，心摹手追，怡然自乐。年十七，始游上海，欲习西画，未得其途，数月而归。为教授图画于和桥之彭城中学。方吾年十三四时，乡之富人皆遣子弟入学校，余慕之。有周先生者，劝吾父命遣入学校尤笃，先君以力之不继为言。周先生曰："画师乃吃空心饭也，乌足持？"顾此时实无奈，仅得埋首读死书，谋食江湖。

年十九，先君去世，家无担石，弟妹众多，负债累累，念食指之浩繁，纵毁身其何济。爰就近彭城中学、女子学校，及宜兴女子学校三校图画教授。心烦虑乱，景迫神伤，遑遑焉逐韶华之逝，更无暇念及前途，览爱父之遗容，只有啜泣。

时落落未与人交游。而女子学校国文教授张先生祖芬者，独蒙青视，顾亦无杯酒之欢。年余，终觉碌碌为教，无复生趣，乃思以工游沪，而学而食，辞张先生。张先生手韩文全函，殷勤道珍重，曰："吾等为赡家计，以舌耕升斗，至老死，亦既定矣，君盛年英锐，岂宜居此？曩察君负荷綦重，不能勖君行，而乱君意。今君毅然去，他日所跻，正未可量也。"又曰："人不可无傲骨，但不可有傲气。愿受鄙言，敬与君别。"呜呼张君者，悲鸿入世第一次所遇之知己也。

友人徐君子明者，时教授于吴淞中国公学，习闽人李登辉，挟余画叩李求一小职，李允为力。徐因招赴沪，为介绍，既相见，李大诧吾年轻，私谓子明："若人者，孩子耳。何能做事？"子明曰："人负才艺，讵问其年。且人原不甘其境，思谋工以继其读，君何慊焉？"李乃无言。徐君是年暑期后，赴北京大学教授职，吾数函叩李，终无答。顾李君纳吾画，初未尝置意，信乎慷慨之士也。

吾于是流落于沪，秋风起，继以淫雨连日，苦寒而粮垂绝。黄君警顽，令余坐于商务印书馆，日读说部杂记排闷，而忧日深。一时资罄，乃脱布褂赴典质，得四百文，略足支三日之饥。

一日，得徐君书，为介绍恽君铁樵，恽君时主商务印书馆《小说月报》，因赴宝山路访之。恽留吾画，为吾游扬其中有力者，求一月二三十金小事。属守一二日，以俟佳音。时届国庆，吾失业已三月，天雨，吾以排日，不持洋伞，冒雨往探消息。恽君曰："事谐，不日可迁居于此，食于此，所费殊省。君夜间习德文，亦大佳事，吾为君庆矣。"余喜极，归至梁溪旅馆，作数书告友人获业。近书甫发，而恽君急足至，手一纸包，亟启视，则道所谋绝望，附一常州人庄俞者致恽君一批札，谓某之画不合而用，请退还。

尔时神经颤震，愤怒悲哀，念欲自杀。继思水穷山尽，而能自拔，方不为懦，遂觍颜向一不应启齿、言通财之友人告贷，以济燃眉之急。故乡法先生德生者，为集一会，征数十金助余。乃归和桥携此款，将作北京之行，以依故旧。于是偕唐君者，仍赴沪居逆旅候船。又作一画报史君，盖法君之友助吾者也。为装框，将托唐君携归致之。唐君者，设茧行。时初冬，来沪接洽丝商。谋翌年收茧事，而商于吴兴黄先生震之。黄先生来访，适值唐出，余在检行装，盖定翌日午后行矣。黄先生有烟癖，乃卧吸烟，而守唐君返。对墙寓吾所赠史君画，极称赏。询余道此画之佳，余唯唯，又询知何人作否，余言实系拙作。黄肃然起敬，谓："察君少年，乃负绝技，肯割爱否？"余言此画已赠人。黄因请另作一幅赠史，余乃言："明日行。"黄先生问："何往？"曰："去北京。"问："何谋？"余言："固无目的，特不愿居此，欲一见宫阙耳。"黄先生言："此时北方已雪，君之所御，且无以却寒，留此徐图良策何如？"余不可，因默然。

无何，唐君归，余因出购零星。入夜，唐君归，述黄先生意，拟为介绍诸朋侪，以绘画事相委，不难生活。又言黄君巨商，广交游，当能为君助。余感其意，因止北行。时有暇余总会者，赌窟也。位于今新世界地。有一小室，黄先生烟室也。赌自四五时起，每彻夜。黄先生午后来，赌倦而吸烟，十一时许乃归。吾则据其烟室睡，自晨至午后三时，据一隅作画，赌者至，余乃出，就一夜馆读法文，或赴审美书馆观画，食则与群博者俱。盖黄君与设总会者极稔，余故得其惠，馔之丰，无与比。

伏腊，总会中粪除殆遍，积极准备新年大赌。余乃迁出，之西门，就黄君警顽同居。而是年黄震之先生大失败，余又载茕无所告，乃谋诸高君奇峰。初，吾慕高剑父兄弟，乃以画马质剑父。大称赏，投书于吾，谓虽古之韩干，无以过也，而以小作在其处出版，实少年人最快意之举，因得与其昆季相稔。至是境迫，因告之奇峰，奇峰命作美人四幅，余亟归构思。时桃符万户，锣鼓喧天，方度年关，人有喜色。余赴震旦入学之试而归，知已录取，计四作之竟，可一星期。高君倘有所报，则得安读矣。顾囊中仅存小洋两毫，乃于清晨买粢饭一团食之，直工作至日入。及第五日而粮绝，终不能向警顽告贷，知其穷也，遂不食。画适竟，及亟往棋盘街审美书馆觅奇峰。会天雪，腹中饥，倍觉风冷，至肆中，人言今日天雪，奇峰未来。余询明日当来否？肆人言："明日星期，彼例不来。"余嗒然不知所可，遂以画托留致奇峰而归。信乎其凄苦也。

入学须纳费，费将何出？腹馁亦不能再支，因访阮君翟光。既见，余直告："欲借二十金。又知君非富有，而事实急。"阮君曰："可。"顿觉温饱。遂与畅谈索观近作，留与同食，归睡亦安，明日入学，缴学费。时震旦学院院长法人恩理教士，欲新生一一见，召黄扶，吾因入，询吾学历，怅触往事，不觉悲从中来，泪如雨下，不能置一词，恩理教士见吾丧服，询服何人之丧？余曰："父丧。"泪益不止。恩理再问，不能答。恩理因温言劝弗恸，吾宿费不足，但可缓纳。勤学耳，自可忘所悲。

吾因真得读矣。顾吾志只在法文，他非所措意也。既居校，乃据窗而居。于星期四下午，仍捉笔作画。乃得一书，审为奇峰笔迹，乃大喜。启视则称誉于吾画外，并告以报吾五十金。遂急舍笔出，又赴阮君处偿所负。阮又集数友令吾课画，月有所入，益以笔墨，略无后顾之忧矣。吾同室之学友，为朱君国宾，最勤学。今日负盛誉，当年固早卜之矣。但是时朱君体弱，名医恒先为病夫，亦奇事也。

是年三月，哈同花园征人写仓颉像，余亦以一幅往。不数日，周君剑云以姬觉弥君之命，邀偕往哈同花园晤姬。既相见，甚道其推重之意，欲吾居于园中，为之作画。余言求学之急，如蒙不弃，拟暑期内迁于此，当为先生作两月之画。姬君欣然诺，并言此后可随时来此。忽忽数月，烈日蒸腾，余再蒙恩理教士慰勉，乃以行李就哈同居之。可一星期，写成一大仓颉像。姬君时来谈，既而曰："君来此，工作无间晨夕。盛暑而君劬劳如此，心滋不安，且不知将何以酬君者。"

余曰："笔敷文采，吾之业也，初未尝觉其劳，吾居沪，隐匿姓名，以艺自给，为苦学生。初亦未尝向人求助，比蒙青睐，益知奋勉，顾吾欲以艺见重于君，非冀区区之报。君观吾学于教会学校者，讵将为他日计利而易吾业耶？果尔，则吾之营营为无谓？吾固冀遇有机缘，将学于法国，而探索艺之津源。若先生所以称誉者，只吾过程中借达吾愿学焉者之具而已。若不自量，以先生之誉而遂自信，悲鸿之愚，诚自知其非也。果蒙先生见知，于欧战止时，令吾赴法，加以资助，而冀他日万一之成，悲鸿没齿不忘先生之惠。若居此两月间之工作，悲鸿以贫困之人，得枕席名园，闻鸟鸣，看花放，更有仆役，为给寝食者，其为酬报，固以多矣，敢存奢望乎？"

姬君曰："君之志，殊可敬。弟不敏，敢力谋以从君愿。顾君日用所需色纸之费，亦必当有所出。此后君果有所需，径向账房中索之，勿事客气。"姬君者，芒砀间人，有豪气，自是相得甚欢，交谊几若兄弟，时姬君方设仓圣明智大学，又设"广仓学会"。邀名流宿学，如王国维、邹安等，出资向日本刊印会中著述，今日坊间，尚有此类稽古之作。又集合上海收藏家，如李平书、哈少甫等，时以书画金石在园中展览。外间不察，以为哈同雅好斯文。致有维扬人某者，以今日有正书局所印之陈希夷联"开张天岸马，奇逸人中龙"，向之求售，此时尚无曾髯大跋，觉更仙姿出世，逸气逼人，索价两千金。此联信乎书中大奇，人间剧迹。若问哈同，虽索彼两金求易，亦弗欲也。吾见此，惊喜欲舞，尽三小时之力，双勾一过而还之。

此时姬为介绍诗人廉南湖先生及南海康先生。南海先生，雍容阔达，率直敏锐，老杜所谓"真气惊户牖"者，乍见之觉其不凡，谈锋既启，如倒倾三峡之水，而其奖掖后进，实具热肠。余乃执弟子礼居门下，得纵观其所藏。如书画碑版之属，殊有佳者，相与论画，尤具卓见，如其卑薄四王，推崇宋法，务精深华妙，不尚士大夫浅率平易之作，信乎世界归来论调。南海命写其亡姬何旃理像，及其全家，并介绍其过从最密诸友，如瞿子玖、沈寐叟诸先生。吾因学书，若《经石峪》《爨龙颜》《张梦龙》《石门铭》等名碑，皆数过。

曹君铁生者，江阴人，健谈，任侠，为人自喜。在溧阳，与吾友善，长吾廿岁。蒙赠欧洲画片多种。曹号"无棒"，余询其旨，曰："穷人无棒被狗欺也。"其肮脏多类此。[①]一日，哈校中少一舍监，吾以曹君荐。既延入，讵哈校组织特殊，禁生徒与家族来往，校医亦不

———————
① 肮脏：愤世疾俗、磊落不平之意。

善，学生苦之，而曹君心滋愤。一日，曹君因例假出，夜大醉归，适遇余与姬君等谈。曹指姬君大骂，历数学校误害人子弟，姬君泰然，言曹先生醉，令数人扶之往校。余大窘。是夜，姬君左右即以曹行李出，余只得资曹君行汉皋。顾姬君后此相视，初未易态度，其量亦不可及也。

岁丁巳，欧战未已，姬君资吾千六百金游日本，既抵东京，乃镇日觅藏画处观览，顿觉日本作家，渐能脱去拘守积习，而会心于造物，多为博丽繁郁之境，故花鸟尤擅胜场，盖欲追踪徐、黄、赵、易，而夺吾席矣，是沈南苹之功也。惟华而薄，实而少韵，太求夺目，无蕴藉朴茂之风。是时寺峙广业尚在，颇爱其作，而未见其人也。识中村不折，彼因托以所译南海《广艺舟双楫》，更名曰《汉魏书道论》者致南海。

六月而归，复辟之乱已平。吾因走北京，识诗人罗瘿公、林畏庐、樊樊山、易实甫等诸名士。即以蔡子民先生之邀，为北京大学画法研究会导师。识陈师曾，时师曾正进步时也。瘿公好与诸伶人狎，因尽识都中名伶，又以杨穆生之发现，瘿公出程玉霜于水火。罗夫人梁佩珊最贤，与碧微相善，初见瘿公之汲引艳秋，颇心之。而瘿公为人彻底，至罄其所有以复艳秋之自由。并为绸缪未来地位，几倾其蓄。夫人乃大怒反目，诉于南海。翌年冬，瘿公至沪谒南海，遭大骂。至为梅兰芳求书，不敢启齿。顾南海亦未尝不直瘿公所为也。

吾居日本，尽以资购书及印刷品。抵都，又贫甚，与华林赁方巾巷一椽而居。既滞留，又有小职北京大学，礼不能向人告贷。是时显者甚多相识，顾皆不知吾有升斗之忧也。

识侗五、刘三、沈尹默、马叔平诸君。李石曾先生初创中法事业，先设孔德学校，余与碧微皆被邀尽义务。时长是校者，为蔡子民故夫人黄夫人。

　　既居京师，观故宫及私家所藏。交当时名彦，益增求学之渴念。时蜀人傅增湘先生沅叔长教育，余以璎公介绍谒之部中。其人恂恂儒者，无官场交际之伪。余道所愿，傅先生言："闻先生善画，盍令观一二大作。"余于翌日挟所作以付教部阍人。越数日复见之，颇蒙青视，言："此时惜欧战未平。先生可少待，有机缘必不遗先生。"余谢之出，心略平，唯然祝天佑法国，此战勿败而已。黄尘障天，日炎热，所居湫隘，北京有微虫白蛉子者，有毒，灰色，吮人血，作奇痒，余苦不堪。石曾先生因令居西山碧云寺。其地层台高耸，古栝参天，清泉寒洌，巨松盘郁。俯视尘天秽恶之北京，不啻地狱之于上界。既抵，而与顾梦余邻。顾此时病肺，步履且艰，镇日卧曝日中，殆不移动。吾去年归，乃知其为共产党巨头，心大奇之。

　　旋闻教育部派遣赴欧留学生，仅朱家骅、刘半农两人。余乃函责傅沅叔食言，语甚尖利，意既无望，骂之泄愤而已。而中心滋戚，盖又绝望。数月复见璎公，公言沅叔殊怒余之无状，余曰："彼既不重视，固不必当日甘言饵我。因此语出诸寻常应酬，他固不计较，傅读书人，何用敷衍？"讵十七年十一月，欧战停。消息传来，欢腾大地。而段内阁不倒，傅长教育屹然，无法转圜。幸蔡先生为致函傅先生，先生答曰："可。"余往谢，既相见，觉局促无以自容，而傅先生恂恂然如常态不介意，惟表示不失信而已。余飘零十载，转走千里，求学之难，难至如此。吾于黄震之、傅沅叔两先生，皆终身感戴其德不忘者也。

　　欧战将终，旅华欧人皆欲西归一视，于是船位以预定先后之次第，在六月之间已无位置，幸华法教育会之勤工俭学会，赁日本之伦敦货船下层全部，载八十九人往。余与碧微在沪加入，顾前途之希望焕烂，此惊涛骇浪，恶食陋居，初未措诸怀。行次，以抵非洲西中海岸之波赛为最乐。以自新加坡行至此，凡三星期未见地面，而觉欧洲又在咫尺间也。时当吾华三月，登岸寻览，地产大橘，略如广州蜜橘与橙合种，而硕大尤过之。大几如碗，甘美无伦。乐极，尽以余资购食之。继行三日，过西班牙南部，英炮台奇勃腊答峡，乍见欧土，热狂万端。遂入大西洋，于将及英伦之前一日，各整备行装，割须理发，拭鞋帽，平衣服，喜形于面。有青者，如初苏之树，其歌者，声益扬。倭之侍奉，此日良殷，以江瑶柱炒鸡鸭蛋飨众，于是饭乃不足，侍者道歉，人亦不计。又各搜所有资，悉付之为酬劳。食毕起立舢板，西望郁郁葱葱者，盖英之南境矣。一行五十日，不觉春深，微雨和风，令忘离索。

抵伦敦，欢天喜地之情，难以毕述。余所探索，将以此为开始。陈君通伯，即伴游大英博物院，遂沉醉赞叹颠倒迷离于巴尔堆农残刊之前。呜呼？曷不令吾渐得见此，而使吾此时惊恐无地耶？遂观国家画院，欣赏委拉斯凯兹、康斯太布尔、透纳等杰构及其皇家画会展览会，得见沙金《西姆史》等佳作。

留一星期，于一九一九年五月十日而抵巴黎。汽车经凯旋门左近，及公各而特广场，大宫小宫等，似曾相识。对之如醉如痴，不知所可，舍馆既定，即往卢浮宫博物院顶礼，大失所望。其中重要诸室，悉闭置。盖其著名杰作，悉在战时运往波尔多城安放，备有万一之失，而尚未运回也。惟辟一室，达·芬奇作《蒙娜丽莎》，拉斐尔之《美园妇》《圣母》等十余幅，以止游客之啖而已。惟大卫之室未动，因得纵览。觉其纯正严重，笃守典型，殊堪崇尚。时 Carolus Durand（迪朗）初逝卢森堡博物院，特为开追悼展览会，悉陈其作，凡数百幅，殊易人也。乃观沙龙，得见勃纳尔、罗郎史、达仰、弗拉孟、倍难尔、莱尔米特、高而蒙等诸前辈作物，其人今悉次第物故矣。

吾居国内，以画谋生，非遂能画也。且时作中国画，体物不精；而手放逸，动不中绳，如无缰之马，难以控制。于是悉心研究观古人所作，绝不作画者数月，然后渐渐习描。入朱利安画院，初甚困。两月余，手方就范，遂往试巴黎美术学校。录取后，乃以弗拉孟先生为师。是时识梁启超、蒋百里、杨仲子、谢寿康、刘厚。各博物院渐复旧游观，吾课余辄往，研求各派之异同与各家之精诣，爱提香之富丽及里贝拉之坚卓。于近人则好库尔贝、勃纳尔、罗郎史。虽夏凡之大，斯时尚不识也。时学费不足，节用甚，而罗致印刷物，翻览比较为乐。因于欧陆作家，类能举指。

一九二〇年之初冬，法名雕家唐泼忒（Dampt）先生夫妇，招待茶会，座中俱一时先辈硕彦。而唐夫人则为吾介绍达仰先生，曰："此吾法国最大画师也。"又安茫象先生。吾时不好安画，因就达仰先生谈。达仰先生，身如中人，目光精锐，辞令高雅，态度安详。引掖后进，诲人不倦，负艺界重望，而绝无骄矜之容。吾请游其门，先生曰："甚善。"因与吾六十五号 Chezy 其画室地址，命吾星期日晨往。吾于是每星期持所作就教于先生，直及一九二七年东归。吾至诚壹志，乃蒙帝佑，足践大邦，获亲名师，念此身于吾爱父之外，宁有启导吾若先生者耶？

先生初见吾，诲之曰："吾年十七游柯罗（Corot 大风景画家）之门，柯罗曰 Conscience（诚），曰 Confidence（自信），毋舍己徇人。吾终身服膺勿失。君既学于吾邦，宜以嘉言为赠。"又询东人了解西方之艺如何，余惭无以应，只答以在东方不获见西方之艺。而在此者，类习法律、政治，不甚留心美术。先生乃言："艺事至不易，勿慕时尚，毋甘小就。"令吾于每一精究之课竟，默背一次，记其特征，然后再与对象相较，而正其差，则所得愈坚实矣。弗拉孟先生历史画名家，富于国家思想。其作流丽自然，不尚刻画，尤工写像。吾人校之始，即蒙青视，旋累命吾写油画，未之应，因此时殊穷，有所待也。时同学中有一罗马尼亚人菩拉达者，用色极佳，尤为弗拉孟先生重视。吾第一次作油绘人体，甚蒙称誉，继乃绝无进步。后在校竞试数次，虽列前茅，亦未得意。而因受寒成胃病。

一九二一年夏间，胃病甚剧，痛不支，而自是学费不至。乃赴德国居柏林，问学于康普（Kampf）先生，过从颇密。先生善勃纳尔先生，吾校之长也，年八十八，亦康普前辈。时德滥发纸币，币价日落，社会惶惶，仇视外人，盖外人之来，胥为讨便宜。固不知黄帝子孙，情形不同，而吾则因避难而至，尤不相同，顾不能求其谅解也。识宗白华、陈寅恪、俞大维诸君。时权德使事者，为张君季才。张夫人籍江阴，善碧微。张君伉俪性慈祥，甚重吾好学，又矜余病。乃得姜令吾日食之，又为介绍名医，吾苦渐减。其情至可感也。

既居德，乃得观门采儿作，又见塞冈第尼作，乃特鲁斯柯依之塑像，颇觉居法虽云见多识广，而尚囿也。又觉德人治艺，夸尚怪诞，少华贵雅逸之风，乃叩诸康普先生曰："先生为艺界耆宿，长柏林艺院，其无责乎？"先生曰："彼自疯狂，吾其奈之何？"实则其时若李卜曼，若科林德等，亦以前辈资格，作荒率凌乱之画，以投机取利。康普之精卓雄劲，且不为人所喜。康普先生曰："人能善描，则绘时色自能如其处。"其描为当世最善描者之一，秀劲坚强，卓然大家；其于绘，凝重宏丽，又阔大简练；其在特贵斯屯之《同仇》《铸工》，乃柏林大学壁画，皆精卓绝伦。他作则略少秀气，盖最能表现日耳曼民族作风者也。

吾居德，作画日几十小时，寒暑无间，于描尤笃，所守不一，而不得其和，心窃忧之。时最爱伦勃朗画，乃往弗烈德里博物院临摹其作。于其《第二夫人像》，尤致力焉，略有所得，顾不能应用之于己作，愈用功，而毫无进步，心滋惑。时德物价日随外币之价增高，美术印刷，尤为德人绝技，种类綦丰，亦尽量购之。及美术典籍，居室上下皆塞满，坐卧于其上，实吾生平最得意之秋也。吾性又嗜闻乐，观歌剧，恒与谢次彭偕，只择节目人选，因所耗固不巨也。时吾虽负债，虽贫困，而享用可拟王公，惟居室两椽，又为画塞满，终属穷画师故态耳。

一日在一大画肆，见康普、史吐克、区个儿、开赖等名作甚多，价合外金殊廉，野心勃勃，谋欲致之。而吾学费，积欠十余月，前途渺茫，负债已及千金，再欲举债，计将安出，时新任德使之魏宸组，曾蒙延食之雅。不揣冒昧，拟往德商之。惧其无济，又恐失机，心中忐忑，辗转竟夜，不能成寐。终宵不合眼，生平第一次也。

翌日，鼓起勇气至 Kurfurstendamm 中国使馆。余居散维尼广场之左，与之密迩，步行往，叩见公使。魏使既出，余因道来意，盛称如何其画之佳妙，如何画者大名之著，其价如何之廉，请假资购下，以陈诸使署客堂，因敝居已无隙可置，特不愿失去机会，待吾学费一至，即偿。吾意欲坚其信，故以画质使馆当无我虞也。魏使唯唯，曰："将请蒋先生向银行查款，不知尚有余否。下午待回音如何？"魏使所操为湖北语，最好官话也。

无奈更商之宗白华、孟心如两君，及其他友好，为集腋成裘之策，卒致康普两作，他作则绝非力之所及矣。因致书国内如康南海等，谋四万金，而成一美术馆。盖美术品如雕刻绘画铜镂等物，此时廉于原值二十倍，当时果能成功，则抵今日百万之资。惜乎听我貌貌，而宗白华又非军阀，手无巨资相借也。

柏林之动物园，最利于美术家。猛兽之槛恒作半圆形，可三面而观。余性爱画狮，因值天气晴明，或上午无范人时，辄往写之。积稿颇多，乃尊拔理、史皇，为艺人之杰。

一九二二年，吾师弗拉孟先生逝世，旋勃纳尔先生亦逝，学府以倍难尔先生继长美校，倍延吕衷西蒙代弗拉孟。是年年底闻学费有着，乃亟整装。一九二三年春初，复归巴黎，再谒达仰先生，述工作虽未懈，而进步毫无，及所疑惧。先生曰："人须有受苦习惯，非寻常处境为然，为学亦然。"因述穆落脱（Aime Morot），法十九名画家，天才之敏，古今所稀，凭其禀赋，不难成大地最大艺师之一，但彼所诣，未足与达·芬奇、米开朗琪罗、拉斐尔、提香等相提并论者，以其于艺未历苦境也。未历苦境之人，恒乏宏愿。最大之作家，多愿力最强之人，故能立至德，造大奇，为人类申诉。乃命吾精描，油绘人体，分部研究，务能体会其微，勿事爽利夺目之施（国人所谓笔触）。余谨受教，归遵其法，行之良有验，于是致力益勇。是年余以《老妇》一幅，陈于法国国家美术展览会（所谓沙龙 Salon des Artistes francais）。学费又不继，境日益窘，乃赁居 Friedland 之六层一小室，利其值低也。顾其处为富人之区，各物较五区为贵，吾有时在美校工作，有时在蒙班奈司各画院自由作画及速写，有时往卢浮宫临画，归时恒购日用所需，如米油菜肉之类，劳顿甚，胃病又时作。

翌年春三月，忽一日傍晚大雨雹，欧洲所稀有也。吾与碧微才夜饭，谈欲谋向友人李璜借资。而窗顶霹雳之声大作，急起避，旋水滴下，继下如注，心中震恐，历一时方止。而玻璃碎片，乒乓下坠，不知所措。翌晨以告房主，房主言须赔偿。吾言此天灾何与我事，房主言不信可观合同，余急归取阅合同，则房屋之损毁，不问任何理由，其责皆在赁居者，昭然注明。嗟夫，时运不济，命途多乖，如吾此时所遭，信叹造化小儿之施术巧也。吾于是百面张罗，李君之资，如所期至，适足配补大玻璃十五片，仍未有济乎穷，巴黎赵总领事颂南，江苏宝山人，曾未谋面。一日蒙致书，并附五百元支票一张，雪中送炭，大旱霖雨，不是过也。因以感激之私，于是七月为赵夫人写像。而吾抵欧洲五年以来勤奋之功，克告小成。吾学博杂，至是渐无成见，既好安格尔之贵，又喜左恩之健。而己所作，欲因地制宜，遂无一致之体。前此之失，胥因太贪，如烹小鲜，既已红烧，便不当图其清蒸之味。若欲尽有，必致无味。吾于赵夫人像，乃始能于作画前决定一画之旨趣，力约色像，赴于所期。既成，遂得大和，有从容暇逸之乐。吾行年二十八矣，以驽骀之资，历困厄之境，学十余年不间，至是方得几微。回视昔作，皆能立于客观之点，而知其谬。此自智者或悟道之早者视之，得之未尝或觉。若吾千虑之得，困乃知之者，自觉为一生之大关键也。

吾生与穷相终始，命也；未与幸福为缘，亦命也。事不胜记，记亦乏味。一九二五秋间，忽偕张君梅孙游巴黎画肆，见达仰先生之Ophelia，爱其华妙，因思致之。会闽中黄孟圭先生倦游欲返，素与友善，因劝吾同赴新加坡。时又得蔡子民先生介绍函两封，因决行。黄君故善坡巨商陈君嘉庚，及黄君天恩，遂为介绍作画，盖又江湖生活矣。陈君豪士，沉毅有为，投资教育与公益，以数百万计，因劝之建一美术馆，惜语言不通，而吾又艺浅，未能为陈君所重。比吾去新加坡，陈君以二千五百金谢吾劳。

归国三月，南海先生老矣，为之写一像。又写黄先生震之像，以黄先生而识吴君仲熊，时国中西画颇较发展，而受法画商宣传影响，混沌殆不可救。春垂尽，仍去法。是年夏，偕谢次彭赴比京，居学校路。日间之博物院，临约尔丹斯《丰盛》一图，傍晚返寓，寓沿街。时修水管，掘街地深四五尺，臭甚，行过此，须掩鼻，入夜又出，又归，则不甚觉其臭，明之试之亦然，因悟腹饥，则感觉强，既饱则冥然钝。然则古人云"穷而工诗者"，以此矣。吾人倘思有所作，又欲安居温饱，是矛盾律也。在比深好史拖白齿之作，惜不甚多。十月返法，是岁丙寅。吾作最多，且时有精诣。

吾学于欧凡八年，借官费为生，至是无形取消，计前后用国家五千余金，盖必所以谋报之者也。

丁卯之春，乃作意大利之游，先及瑞士，吾旧游地也。往巴塞尔观荷尔拜因及勃克林之作，荷作极精深。至苏黎世观贺德勒画，亦顽强，亦娴雅，易人处殊多，被称为莱茵河左岸之印象派作者，其艺盖视马奈、雷诺阿辈高多矣。彼其老练（Conviction）经营之笔，非如雷诺阿之浮伪莫衷一是也。

夜抵米兰，清晨即往谒达·芬奇耶稣像稿，观圣餐残图，令人低徊感慨无已。拜达·芬奇石像，遂及大教寺，竭群山之玉，造七百年而未竟之大奇也。

徘徊于拉斐尔雅典派稿，及雷尼圣母、达·芬奇侧面女像之大者两半日，而去天朗气清之岛城威尼斯。既入海，抵车站，下车即阻于河。遂沿河觅逆旅，一浴，即参拜提香之《圣母升天》，吾最尊崇者之一也。奈天雾，威古建筑受光极弱，藏升天幅之教堂尤甚，览滋不畅。于是过里亚而笃桥，行至圣马可广场。嘻嘻，其地无尘埃，无声响。不知有机械，不识轮之为物。周围数千丈之广场往来者，皆以足海鸥翔集。杖藜行歌，别有天地，非人间矣。乃登太塔瞭望此二十万人家之水国，港汊互回，桥梁横直，静寂如黄包车未发明时之苏州。其街头巷角小市所陈食用之属，亦鲜近世华妙光泽之器。其古朴直率之风，犹令人想见范乐耐、丁托列托之时也。其美术院藏如贝利尼、丁托列托之杰作无论矣。吾尤爱提埃坡罗之壁饰横幅，长几十丈。惜从他处取下移置美术馆院时，不谨慎，多褶断损坏。提之画，壁饰居多，人物动态，展扬飘逸，诚出世之仙姿。信乎十八世纪第一人也。古迹至多，舍公宫之委乐耐之威尼斯城加冕外，教寺中尤多杰作，客班栖窝、老班而迈、提埃坡罗等作，触目皆是。念吾五千年文明大邦，惟余数万里荒烟蔓草，家无长物，室如悬磬。威尼斯人以大奇用香烟熏黑，高垣扁闭，视之亦不甚惜，真令人羡煞，又恨煞也。

意近人之作，吾爱丁托列托。又见西班牙大家索罗兰补蓬，英人勃郎群多种，皆前此愿见之物也。

美哉威尼斯，吾愿死于斯土矣！游波伦亚，无甚趣味。至佛罗伦萨，中意之名都，唐推、奇欲笃及文艺复兴诸大师之故土。

吾游时，意兴不佳，唯见米开朗琪罗之大卫像，及未竟之四奴，则神往。余虽极负盛名之乌菲齐美术馆、梵蒂冈。

吾所恋者尚在希腊雕刻也，负曼特尼亚、波提切利多矣。购一摩赛克（镶嵌画），其工甚精，惜其稿不佳。吾意倘能以吾国宋人花鸟作范，或以英人勃郎群画作范，皆能成妙品，彼等未思及此也。一桌面之精者，当时只合华金五百元耳。游罗马，信乎吾理想中之都市矣。Forum 之坏殿颓垣，何易人之深耶？行于其中，如置身二千年之前。走过市，目不暇接。至国家美术院及卡皮托利尼博物馆，如他乡之遇故知，倾吐思慕之殷且笃者。尤于无首臂之 Cirene 女神，为所蛊惑，不能自已。新兴之意大利，于阐发古物，不遗余力，有无数残刊，皆新出土，昔所未及知也。既抵圣保罗大教堂，入教皇之境，美术之威力益见其宏大。遂欲言清都紫微，钧天广乐，帝之所居。于是浏览亘数里埃及以来名雕及于西斯廷大教堂，览米开朗琪罗毕生之工作，又拉斐尔、波提切利庄整之壁画，无论其美妙至若何程度，即其面积，亦当以里计。以观吾国咬文嚼字者，掇拾两笔元明人唾余之残墨，以为山水，信乎不成体统。又有尊之而谤骂西画者，其坐井观天，随意瞎说，亦大可哀矣。第三日乃参谒摩西（Moise），大雄外腓，真气远出，信乎世界之大奇也。游国家美术院，多陈近世美术，得见避世笃而非椎凿，高雅曼妙，尤以塞冈第尼《墓人》为沉深雅逸之作，以视法负盛名之布尔德，超迈盖远过之。又见萨多略之两巨帧，证其缥缈壮健敏锐之思，与德之史土克异趣。蔡内理教授为爱迈虞像刻浮雕数丈，虚和灵妙。亦今日之杰，皆非东人所知。东人所知，仅法人所弃之鄙夫，自知商人操术之精，而盲从者之聩聩也。

既及庞贝古城而返法，恋恋不忍遽去，而又无法多留几日也。

境垂绝，只有东归，遂走辞达仰先生。先生卧病，吾觉此往殆永别，心中酸楚，惧长者不怪，强为言笑，而不知所措辞。唯言今年法国艺人会（所谓沙龙），征人每幅陈列费八十法郎，是牟利矣。先生喟然长叹曰："然。"余曰："余今年送往国家美术会，凡陈九幅。"先生曰："亦佳。顾耗精力以求悦于众，古之大师所不为也。"余赧然，先生曰："闻汝又欲东归，吾滋戚，愿汝始终不懈，成一大中国人也。"余因请览画室中先生未竟之作，先生曰："可。"余之苟有机缘，当再来法国，先生又勉勖数语，遂与长辞。先生去年七月三日逝世，年七十八。

余居法，凡与达仰先生稔者，皆得为友，如Muenier、Amic、Worth等俱卓绝之人也。所谈多关掌故，故星期日之晨甚乐，今惟Muenier存矣。倍难尔（Bernard）先生，一世之杰也，曾誉吾于达仰先生，今年已八十余，不识尚能相见否。吾营若丧家之狗，魂梦日往复于阿尔卑斯山南北之间，感逝情伤，依依无尽也。

吾归也，于艺欲为求真之运动，唱智之艺术，思以写实主义启其端，而抨击投机之商人牟利主义（mercantile），如资章黼而适诸越，无何等影响，不若流行者之流行顺适，吾亦终无悔也。吾言中国四王式之山水属于 Conventionel（形式）美术，无真感。石涛、八大有奇情而已，未能应造物之变，其似健笔纵横者，荒率也，并非 franchise（真率）。人亦不解，唯骛型式，特舍旧型而模新型而已。夫既他人之型，新旧又何所别？人之贵，贵独立耳，不解也。中国之天才为懒，故尚无为之治。学则贵生而知之者，而喜守一劳永逸之型。

中国画师，吾最尊者，为周文矩、吴道玄、徐熙、赵昌、赵孟𬱟、钱舜举、周东邨（以其作《北溟图》，鄙意认为大奇，他作未能称是）、仇十洲、陈老莲、恽南田、任伯年诸人，书则尊钟繇、王羲之、羊欣、爨道庆、王远、郑道昭、李邕、颜真卿、怀素、范中立、八大山人、王觉斯、邓石如。

吾欲设一法大雕刊家罗丹（Rodin）博物院于中国，取庚款一部分购买其作，以娱国人，亦未尝有回响。盖求诸人者，固难以逞，吾求诸己者，欲精意成画百十幅，亦以心烦虑乱，境迫地窄，无以伸其志。虽吾所聚，及以往之作，亦将为风雨虫鼠伤啮尽。念道旁有饿死之殍，吾诚不当贵人以不急之务。而于己，又似不必呕呕作此不经摧毁之物，以徒耗精力也。而又无已。

吾性最好希腊美术，尤心醉帕提农残刊（Parthenon），故欲以惝恍之菲狄亚斯（Phidias）为上帝，以附其名之遗作，皆有至德也。是曰大奇（merveille），至善尽美。若史珂帕斯（Scopas）、李西泼（Lissip）、伯拉克西特列斯（Praxiteles），又如四百年来达·芬奇、米开朗琪罗、拉斐尔、帝切那、伦勃朗、委拉斯开兹、鲁本斯，近人如康斯太布尔、吕德、夏凡、罗丹、达仰、左恩、索罗兰，并世如倍难尔、避世笃而非、勃郎群皆具一德，造极诣，为吾所尊其德之至者。若华贵，若静穆，再则若壮丽，若雄强，若沉郁，至于淡逸冲和，清微曼妙，皆以其精灵体察造物之妙。而宣其情，不能外于象与色也。不准一德，才亦难期，大奇之出，恒如其遇。而圣人亦卒无全能，故万物无全用，虽天地亦无全功。吾国古哲所云尊德性，崇文学，致广大，尽精微，极高明，道中庸者，其百世艺人之准则乎？

若乃同情之爱，乃于庶物，人类无怨，以跻不同。或瞎七答八，以求至美，或不立语言，以喻大道，凡所谓无声无臭，色即是空者，固非吾缥缈之思之所寄。抑吾之愚，亦解不及此。苟西班牙之末于斯干葡萄，能更巨结四两之实，或广东之荔枝可以植于北平西山，或汤山温泉得从南京获穴，或传形无线电可以起视古人，或真有平面麻之粉，或发明白黑人之膏，或痨虫可以杀尽，或辟谷之有方，或老鼠可供趋使，或蚊蝇有益卫生，或遗矢永无臭气，或过目便可不忘，此世乃大足乐，而吾愿亦毕矣。

徐悲鸿年表[*]

1895 年（光绪二十一年）1 岁

7 月 19 夜，日出生在江苏省宜兴县屺亭桥镇。父亲徐达章是位私塾先生，能诗文，善书画。母亲鲁氏勤于持家，是位淳朴的劳动妇女。徐悲鸿为家中长子，原名寿康。

1901 年（光绪二十七年）6 岁

从父识文断句。

1902 年（光绪二十八年）7 岁

开始执笔学书，每日挥毫涂写，兴趣盎然。

1904 年（光绪三十年）9 岁

已读完四书及《诗》《书》《易》《礼》和《左氏传》。正式从父习画，

每日在午饭后临摹晚清名家吴友如的画作一幅，并且学习调色、设色等绘画技能。

1905 年（光绪三十一年）10 岁

已能帮父亲在画面不重要的部位填彩敷色，在岁末时，还能帮乡里人写"时和世泰，人寿年丰"等春联。

1908 年（光绪三十四年）13 岁

家乡水灾，随父辗转于邻近的乡村镇里，卖画为生，接济家用。

1912 年（民国元年）17 岁

独自到商业发达的上海卖画谋生，并想借机学习西画，提高自身的绘画水平。数月后，返回老家并开始在彭城中学担任图画教员。在《时事新报》发表白描戏剧画《时迁偷鸡图》，获征稿二等奖。

1914 年（民国三年）19 岁

父亲病故。为养家糊口，在和桥镇彭城中学、始齐女子学校及宜兴女子学校教习图画。

1915 年（民国四年）20 岁

再次来到上海，在黄警顽、黄震之的扶持下，研习法、德文。结识画家周湘、高奇峰、高剑父等人。绘《谭腿图说》体育挂图。

1916 年（民国五年）21 岁

考入法国天主教会主办的震旦大学，为犹太人哈同的哈同花园创作仓颉像，获得高额报酬；结识维新派领袖康有为，并在书画上深受康氏影响。

1917 年（民国六年）22 岁
赴日本东京研究美术。

1918 年（民国七年）23 岁
应蔡元培之邀，受聘为北京大学画法研究会导师，结识陈师曾。争取到公派赴法留学机会；与鲁迅会晤。

1919 年（民国八年）24 岁
3 月，偕夫人蒋碧薇赴法留学。5 月抵巴黎，入徐梁画院进修。

1920 年（民国九年）25 岁
考入巴黎高等美术学校，受教于弗拉孟先生，接受正规的西画教育。拜法国著名画家达仰为师，深受达仰"勿慕时尚，毋甘小就"的艺术思想影响。

1921 年（民国十年）26 岁
离开巴黎，转至德国柏林，问学于画家康普。

1922 年（民国十一年）27 岁
除继续从学于康普外，还到博物馆临摹著名画家伦勃朗的画作，并且常去动物园画狮子、老虎、马等各种动物，以提高自身的写生能力。

1923 年（民国十二年）28 岁

返回法国巴黎继续学习，学业日有长进。5 月，作品《老妇》入选法国国家美术展览会（沙龙）。

1924 年（民国十三年）29 岁

未接到拖欠学费，生活窘迫，胃病复发。绘画技法日渐成熟。参加在法国莱茵河宫举行的中国美术展览。

1925 年（民国十四年）30 岁

与游历法国的黄孟圭结伴，途经新加坡回国。田汉在上海举行"消寒会"，将他及其作品向文化界人士介绍和举荐。

1926 年（民国十五年）31 岁

春日，返回法国。夏季，至比利时首都布鲁塞尔，临摹了艺术大师约斯坦的《丰盛图》，受益匪浅。自感这一年是他创作最多的一年，其中不乏得意之作，如油画《箫声图》《睡图》等。

1927 年（民国十六年）32 岁

先后游历了瑞士及意大利的米兰、佛罗伦萨、罗马等地，观赏到众多名家画作。5 月，法国国家美术展览会展出其作品 9 件。秋，抵达上海，结束了长达 8 年的欧洲西画学习，受聘为国立第四中山大学（后改称中央大学）艺术系教授。

1928 年（民国十七年）33 岁

1 月，与田汉、欧阳予倩组织"南国社"，并在上海成立南国艺术学院，担任绘画科主任；2 月，应南京中央大学聘请，任艺术系教授；10 月，任北平大学艺术学院院长，年底辞职。

1929 年（民国十八年）34 岁

专职在南京中央大学任教。与徐志摩展开辩论，并在第一届全国美术展览会《美展汇刊》上连续发表《惑》《惑之不解》等文章，批判了欧洲美术界的现代形式主义艺术流派及其对于中国的影响。提倡绘画的写实性、创新性。

1930 年（民国十九年）35 岁

完成取材于汉司马迁《史记·田儋列传》的油画《田横五百士图》。夏，在江西南昌走访民间木雕艺人范振华。

1931 年（民国二十年）36 岁

春，在比利时首都布鲁塞尔举办个人画展。完成《九方皋图》第七稿，表达了他在民族危亡之际，热切希望国家重视和招纳人才，振兴国家和民族的爱国主义思想。

1932 年（民国二十一年）37 岁

在参照中国画重要的、晋代谢赫提出的"六法"论基础上，根据西洋绘画的艺术法则，提出了在素描创作上应遵循的"七法"，即：一、位置得宜；二、比例准确；三、黑白分明；四、动作和姿势天然；五、轻重和谐；六、性格毕现；七、传神阿堵。

1933 年（民国二十二年）38 岁

完成取材于《尚书》的油画《傒我后图》，表达了苦难民众对贤君的企盼之情。应法国国立美术馆之邀，前往巴黎举办中国近代绘画展，此后，又先后赴德、比、英、荷、意等国举办近代绘画展览并参观当地的博物馆。

1934 年（民国二十三年）39 岁

游历意大利威尼斯、佛罗伦萨、罗马等历史文化名城。至德国柏林，前苏联莫斯科、列宁格勒等地举办中国近代画展，宣传中国传统绘画。徐悲鸿此次欧洲之行，在法、比、德、意、前苏联举办展览共7 次，在各大博物馆、大学中成立 4 处"中国近代美术展览室"，这是一次重要的中国近代绘画的欧洲巡礼，引起了各国的普遍重视，宣传了中国绘画艺术。8 月，返回南京。

1935 年（民国二十四年）40 岁

捐献作品及收藏，拟在广西桂林独秀峰下建一美术馆，由于此后全国抗战爆发，良好愿望未能实现。

1936 年（民国二十五年）41 岁

与汪亚尘、颜文梁等人组织画会"默社"。创作满怀忧念之情的《逆风图》《沉吟图》《柳鹊图》等画作。

1937 年（民国二十六年）42 岁

在香港、广州、长沙等地举办画展，在香港购得视为自己生命的古人画《八十七神仙卷》。10 月，随中央大学内迁赴重庆，创作名画

《巴人汲水图》。

1938 年（民国二十七年）43 岁

继续在中央大学艺术系任教。接受印度著名诗人泰戈尔的邀请，准备赴印办展览。10 月，携带大批作品离开重庆，一路在中国香港、新加坡、吉隆坡、槟榔屿等地开筹赈展览会，为中国的抗日募捐。

1939 年（民国二十八年）44 岁

在新加坡举办筹赈画展、在印度国际大学举办中国近代画展。

1940 年（民国二十九年）45 岁

继续在印度逗留，与泰戈尔结下了深厚的友谊。在加尔各答举行作品展。完成著名的中国画《愚公移山图》，表达了对中国人民以坚忍不拔的毅力，夺取最后抗日胜利的坚定信念与顽强意志。

1941 年（民国三十年）46 岁

由印度回国，途经槟城、怡保、吉隆坡等地，举办画展，并将几年来卖画所得近 10 万美金全部捐出，用于抗战救灾。

1942 年（民国三十一年）47 岁

在云南保山、昆明举办画展，至重庆，继续在中央大学艺术系任教，同时，在重庆嘉陵江北岸磐溪筹备成立中国美术学院。

1943 年（民国三十二年）48 岁

主持筹办中国美术学院。每日坚持到中央大学艺术系任教。在重庆举办画展。

1944 年（民国三十三年）49 岁

因长期的过度疲劳，患有严重的高血压及慢性肾炎，不得不在中央医院治疗 7 个月，作品锐减。

1945 年（民国三十四年）50 岁

大病未痊愈，但仍坚持在中央大学艺术系任教。在郭沫若起草的《文化界对时局进言》上签名，主张废除国民党的一党专政。

1946 年（民国三十五年）51 岁

担任北平艺专校长，招纳吴作人、李桦、叶浅予、冯法祀等一批有才华的、进步的美术家执教，决心把艺专办成有民主、讲进步、坚持现实主义绘画风格的学校。担任北平美术作家协会名誉会长。

1947 年（民国三十六年）52 岁

领导"美协"与国民党文化运动委员会领导的"北平市美术协会"展开激烈的斗争，发表《新国画建立之步骤》《当前中国之艺术问题》等重要文章。

1948 年（民国三十七年）53 岁

与夫人廖静文拒绝随国民党南迁，团结北平艺专全体师生员工，保护学校。与吴作人、艾中信、董希文、冯法祀等人成立综合性艺术团体"一二七艺术学会"。

1949 年 54 岁

出席在布拉格举行的第一届保卫世界和平大会、中华全国文学艺术工作者代表大会。当选为全国文联常务委员。应邀出席中国人民政治协商会议。任中央美术学院院长。

1950 年 55 岁

主持新成立的中央美术学院一切事务。在全国战斗英雄、劳动模范代表大会上为战斗英雄画像。为创作《毛主席在人民中》画了大量速写和构图。

1951 年 56 岁

抱病到山东导沭整沂水利工程体验生活，为劳模、民工画像，搜集反映新中国建设的素材。7 月，不幸患脑溢血，半身不遂。

1952 年 57 岁

抱病卧床一年有余，脑溢血病症尚未完全消除，但为了能早日投身于所热爱的文化事业，自 9 月起，加强身体锻炼。

1953 年 58 岁

抱病指导中央美术学院教学工作，为结业班的学生讲课、为教员油画和素描进修小组上课。为抗美援朝的志愿军画《奔马》。9 月 23 日，第二次文代会召开，担任执行主席，劳碌过度，脑溢血症复发，26 日，逝世于北京医院。